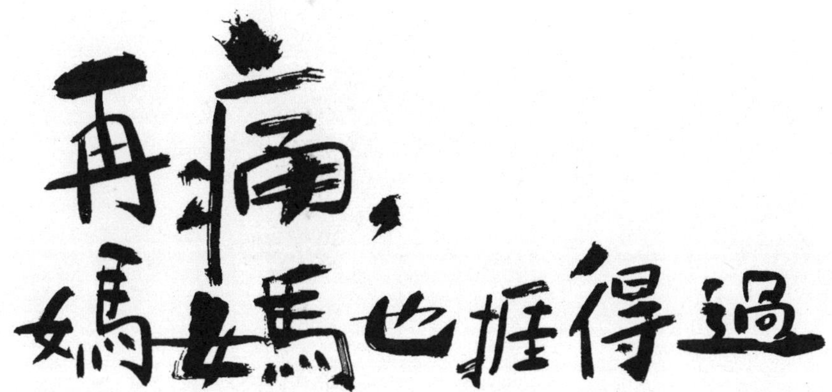

李灝麟

再痛，媽媽也捱得過
作者／李灝麟
策劃編輯／呂瑋宗
美術設計／Deep Workshop
出版發行／突破出版社
香港沙田亞公角山路33號突破青年村
電話：2632 0000　傳真：2632 0388
電郵：breakthrough@breakthrough.org.hk
網址：http://www.breakthrough.org.hk
http://www.btproduct.com
承印／海洋印務
2017年6月初版1刷

Mothers Can Endure
By Collin Li
First Printing, First Editon, June 2017

Printed in Hong Kong
ISBN 978-988-8392-38-4

誠邀閣下就突破出版社的書籍發表意見
歡迎加入突破書籍 Facebook page — http://www.facebook.com/btbooks.page
本書採用環保油墨印刷

社會文化

目錄

編者序｜對匠人來說，放棄從來不是選項

你是否經常選擇放棄？

不少人在成長過程中，在學業、工作、興趣、人際關係、甚至生命等範疇上，都萌生過放棄念頭。因為心灰意冷？還是左思右想，仍找不到意義和價值？究竟在追求什麼呢？總之到了某一刻感到很累，不想再幹下去，很想close file。其實我們思考得太多了！

當懷孕後，女性被訓練不去多想。隨着胎兒長大，感覺內臟不斷被擠壓、肚皮不斷地膨脹。過程中媽媽一直處於被動，就算多想也沒用，只管咬緊牙關忍受期間的不適。生產時躺在產房的牀上，聽候醫生和助產士發落；痛得腦裏一片空白，感覺下體不停流血，只管竭力把胎兒推出來。當嬰孩出生後肚子餓就呱呱大叫，傷口未癒合的母親用意志力叫自己清醒，馬上起牀餵奶。

為何大部分母親，都捱得過這些苦日子而沒有放棄？因為她們由懷孕開始，已被訓練不去多想、只管去做。本書作者李灝麟把這種專注、只管默默幹的精神稱為匠心（craftsmanship）；抱這種精神的母親，稱為

匠心媽媽（craftsmum）。

本書中十位單親母親來自基層家庭，無論身體和心理都受過極大創傷，人生長時間飽受挫敗和失望折騰。當她們走到無力時也沒放棄，仍努力照顧孩子。至於下一步如何走、將來會如何都不去想了，只管做當下的事！

匠心不是媽媽的專利。古代社會以手作、手藝作為主要產業，匠心乃是人類根本的生存之道。匠人一生懷抱單純的心只做一件事，放棄從來不是選項。似乎上天給媽媽一種歷世歷代的特別使命，至今天的現代社會，仍透過這班生命工匠的身體去顯明匠心的奧秘。

現代人有太多選項、太多思緒了，削弱了單純行動的力量，很容易一事無成。或許，很多問題是人自己想出來的。當想不通的時候，不如學效書中的媽媽只管去做，以實際行動慢慢推演事情發展，耐心靜候轉機，讓自己在困難中成長。

作者序｜解讀母親力量，溶化社會上剛硬的心

一代美人柯德莉夏萍（Audrey Hepburn，1929-1993）曾在晚年暢談美容心得：

「想有誘人的唇，就別忘口出恩言；
想有可愛的眼，就從他人身上找出美善；
想有苗條身材，就與飢餓的人分享食物；
想有一把秀髮，就讓孩童的手指每天在當中穿梭；
想有萬千儀態，踱步時就不忘人生絕非孤獨。」

有種能力叫匠心，是內在美之源

柯德莉夏萍的話大大拉闊了我們對美的想像，說明了人性的美麗絕非單靠外表，毋須豐胸和瘦身，而是塑造內在的質素——性情、品格及待人之道。這本著作，嘗試勾勒一種散發自然魅力的匠心精神，意即一心一意把一件事情做好，不為掌聲、不求名利，一步一步贏得眾人的尊重。

我將帶領讀者追蹤十位女子在香港的故事，探索她們在人生軌迹上

所遇上重要的人和事。她們由昨天的平凡小女子，蛻變成今天外表依然平凡但生命精彩的匠心媽媽。

她們都來自草根階層、社會地位低微。有的在本港土生土長，當中也有人是外國華僑和新移民。有人在低谷中差點兒拉女兒衝出馬路輕生，後來當上熱心義工，定期上門探訪新移民家庭；有人失婚後擲出疊疊鈔票豪賭，改過後成為教子有方的好媽媽；有人在便利店當店員，後來成為志願團體主席。

由失敗者爬升成施助者

她們經歷過婚姻的傷痛和親人生離死別，咬緊牙關獨力照顧子女，帶着傷口由人生的低谷攀登至高峰，由失敗者變身成施助者，展現生命爬升的能力。

顯然，這種模式跟世界所推崇的「只許成功、不許失敗」、「贏在起跑線」等價值觀迥異，是一種文化抗衡：她們先降卑，後升高；開始時受極大苦楚，表面看似是失敗，但最終得勝；縱使身心受創，對子女的愛仍不止息、對人仍充滿憐恤，有點像基督在世的道路……

在每個故事中，我分別透過「高跟鞋」、「腿」、「眼淚」等符號，點出每位媽媽的生命特質，透過這些象徵化作一扇扇門讓讀者通往她們的人生，學習其匠心精神。

這些故事主人翁在生活上都曾陷入過十元八塊的掙扎，坐過大上大落的情感過山車。這些逆境她們都捱得過去，經包紮後逐漸康復，變身成造就別人生命的工匠。盼望這些經歷能為讀者帶來鼓舞和啟發。

寫作緣起，由女街坊窮故事開始

在二零零六至二零一四年間，我在香港大學社會學系當研究生時，幸運地獲取一筆助學金，讓我可把全副精力放在論文上，毋須擔憂生計。我很感激校方，尤其感激願意收我為徒的論文師傅。我很想善用這些資源做些事回饋社會。

起初我就論文題目一直拿不定主意，一口氣轉了四、五次，直至一天在旺角西洋菜南街遇上一名婦女。當時有團體舉行街頭論壇探討最低工資立法。這位婦女是其中一位出席論壇的街坊，在席間分享了她的窮日子故事。她所分享的詳細內容我早已淡忘，可是至今還牢牢記得她當時的話令我內心帶來騷動，並弄濕了眼眶。那一刻我決定論文寫貧窮議題。

自此，我透過不同社福機構認識了不少基層家庭，當中以單親媽媽為主，讓我有機會逐一聆聽她們的人生故事。當中最長的一次馬拉松式訪問，由早上九時至傍晚六時。無論時間長短，在訪問中她們都令我有同一番感受——聽君一席話，勝讀十年書。盼望各人的故事可扣動香港人的心弦，尤其是年輕人。

基層人士對社會的貢獻鮮被提及

貧窮的人不單吃不飽、穿不暖，在人際關係上更百般滋味在心頭。在香港，基層市民往往予人一種公帑受惠人的印象，鮮有人談及他們如何在社會上積極參與。基層人士的確有接受幫助的面向，但半杯水也可看為半杯滿，而非半杯空，他們當中也有很多人熱心服務社會。

突破書籍編輯呂瑋宗先生看過我的寫作計劃後，補充了三點洞察：

1. 社會對基層（尤其是單親媽媽）印象模糊，普遍覺得她們純粹是受助者，忽略了其社會貢獻；
2. 社會上少有渠道給她們分享心聲和故事；
3. 她們的生命力值得表揚，並可以作一個時代的紀錄。

呂編輯很有一種文以載道的心腸，我不知道我所寫的能否作為一個時代的紀錄。近年離婚率高，相信日後還有更多青少年難免要在單親家庭成長，這本書或可替這些家庭打打氣。

此外，讀者們還可以：

1. 欣賞在貧窮中積極地生活的人；
2. 從母親身上找到共鳴甚至模仿對象；
3. 向故事裏的媽媽學習，堅持把一件事情做好，一步一步腳踏實地做人。這份情操對整體社會有所裨益；
4. 認識媽媽們鮮為人知或被忽略的特質（尤其是值得男性及青年學習），甚至能解決一些社會結構性問題；
5. 釋放母親的潛能，提升成對社會整體的助力，共同建設一個匠心世界／社會——讓失喪的人重新上路；讓有能力者助人前行。

要完成這份社羣習作，除了有這班母親外，還要有你和我鼓勵更多人並肩同行，一同參與這場匠心運動。

棄深奧理論，以生命故事切入

雖然我的論文探討何謂匠心，但本書有關匠心媽媽的理論部分，只會在開始時簡單地介紹，全書均以母親的生命故事作切入，靈感主要源自兩部觸動人心的文學故事──《聖誕頌歌》（*A Christmas Carol*）和《一千零一夜》（*Tales From The Thousand And One Nights*）。

前者講述一個厭惡聖誕節的孤寒財主，因公司旗下工人放聖誕假而令他收入減少。於是，人家說聖誕是佳節，他卻看成是災難；別人請他趁佳節捐獻扶貧，他卻報以惡言厲色，反指窮人自作自受。怎樣才可挽回如此石心？作者十分巧妙，在故事中先後每晚安排「過去」、「現在」及「未來」三位精靈造訪他，帶他穿越時空遇上重要的人和事，讓他經歷生命改變。

至於《一千零一夜》描寫一位仇視女性的暴君，每天傳召一位女子入宮，每晚殺一個。某天有位女子代替妹妹入宮，在大王頒令處死之前懇求容她說個故事。這位女子說話流利，故事說得動聽，但往往在高潮迭起之際煞住不說，要翌日才續，吊大王一個大癮，情況猶如電視劇結尾一樣──欲知後事如何，請看下回分解。從這位女子口中所出的活潑生命故事，最終把暴君的心溶化，改變了對弱小生命的態度。

盼望溶化社會上心硬的人

英文“stereotype”一字，中文「刻板形象」譯得相當傳神。而「stereo」的希臘字根，是「堅硬」或「固體」的意思。主流社會往往對女性和貧窮人士的看法印象刻板，認為他們是受助者，是社會的負擔，並沒有任何貢獻。我透過十個匠心媽媽的故事，嘗試軟化社會在上、在下者的心，並溶掉大眾死硬的觀點和想法。哪怕只能達至一丁點的轉化，我已感到努力沒有白費了。

鳴謝

若沒有以下任何一位支持者，本書都難以完成。首先要答謝書裏的主人翁──十位單親媽媽。有些媽媽分享時說得兩眼通紅。我算是什麼人呢？竟然贏得大家信任，讓我前往各人生命最黑暗的日子。

其次要感激我的漂亮女友凱宜。當年我攻讀研究院課程時生活清貧，戶口結餘少得可憐，有段時間連往櫃員機提款的資格也沒有。當時她送我一張特別版的八達通卡，為我在研究路上打氣。她是一位願意為男友捱「麥記」的女生，儘管我很久未吃過漢堡包了。當然還要多謝我的媽媽，無論在初為人母時或退休之後，為家人流露無盡的愛，使我明白普通人也可活出一份匠心精神。

此外，本書的編輯也勞苦功高，花了一整年時間不住給我意見。我想他一定是倉頡的後人，很會「造字」，讓全書的字數不斷增加，書裏不少點子都要歸功於他。首次跟他見面時教人印象難忘，他提議在「茶仔」（茶餐廳）共進午餐，開飯前領我禱告，吃飯時殺我一個措手不及，說正籌備一本關於本地婦女的書，碰巧遇上了我。他的言行令我相信文字事工的力量。

最後要多謝我三位恩師。第一位是吳俊雄博士，我的碩士論文師傅。他是個超級溫柔的好男人，一開口幽默得令人「笑到碌地」。他毫不吝嗇自己的時間，不倦地建立後輩的生命。至今我仍牢牢記得，當他透過電郵知道我挑了貧窮作研究題目時，即時這樣地回覆：「既可增長知識，對社會又有意義（Intellectually and socially rewarding）。」

另一位是陳和順博士（Alex），我的生命導師。由於大家亦師亦友，對我說話十分直接：「Collin，你太天真了！」他在我的成長路上常給提點，讓我有機會接觸社區學院的副學士同學，燃起我的教師夢。

第三位是呂大樂教授，我的博士論文師傅。同學很愛他，就算他加盟另一所大學，大家也遠道前來旁聽。他是一位很有成就的人，經常擺出「零架子」並高度鬼馬。當年我很放肆，撰寫論文時慢人半拍；最怕在校園碰到他，但又偏偏常常遇上他追收功課，對我大喊說：「Collin哥（或『阿李生』），是時候交功課了！」

生命中，

總會遇上重要的人和事。

因着昨天的我，變成今天的我。

引論｜匠心媽媽理論導讀

進入故事部分前，我先簡介匠心媽媽的相關理論。

匠心媽媽大致可以分成三類，若用動物作比喻，分別是袋鼠型、海狸型及看門狗型。文中我沒有刻意為每位媽媽對號入座，因為每位都可能屬於超過一種類別，甚至在不同生命階段中不斷蛻變。

三類匠心媽媽

袋鼠型──孩子的生命跳板

動物學家指，初生袋鼠嬰兒只有人類姆指般大。小豆釘出世後長時間伏在媽媽的袋子裏，足不出袋僅探頭窺望。大家不難想像若袋鼠寶寶沒有這種庇蔭，在大自然中一定凶多吉少。媽媽往那裏寶寶便往那裏；媽媽跳得多高寶寶便望得多遠，彼此關係親密。

這正反映不少母親的想法：使勁地一跳再跳，讓子女的生命飛躍得更高。母親們有相同的心志：「我要做個好媽媽」。

海狸型——利己惠人，建構社羣力量

海狸在河裏築起堤壩，牠們利用鋒利的牙齒一口一口把樹枝拉下，再逐條放在水中堆砌成棲息居所，複雜的堤壩結構連科學家也感到驚訝。牠們不但惠及自己，同時也惠及整個海狸社羣。

本書的受訪媽媽也心懷這種大愛，常捲起衣袖從事自身利益以外的無償社區工作，部分人獲金、銀、銅義工獎項。當中有人定期探訪基層家庭，或走進中學向莘莘學子分享幸福窮日子；有媽媽親手煲老火湯，滋潤曾幫助她的教會職工。這類匠心媽媽猶如海狸，合力打造更宜居的社區和城市。

看門狗型——向社會吶喊發聲

看門狗若遇上形迹可疑的人會馬上吠叫，讓鄰居提高警惕。一般女性在日常生活中甚少跟權貴摩拳擦掌，通常依靠男性解決問題。但當她們陷入單親或家庭窘困、一旦子女或姊妹受到威脅時會勇敢抗爭。

熱衷社會行動的看門狗型媽媽最難育成，因為要衝出家庭把匠心精神提升至社會層面。她們不願作被動、順從的一羣，認為政治乃是眾人之事，鼓起勇氣向社會吶喊。

當社會受了傷，讓匠心媽媽照料它吧

本港的貧窮問題早已經由制度化處理。政府願意向窮人伸出援手，街上鮮有乞丐處處的場景。社會援助是個安全網，無疑讓有需要的市民得到基本的溫飽，但受助者也同時面對心理壓力……

書中的媽媽們大部分以第一身經歷過這些政策，充分體會到制度的不足及不公。當中有機會接觸公共事務的母親，嘗試將匠心精神應用在社會層面──把市民當作子女般，不畏強權、挺身而出反對有缺陷和不公平的政策。

她們有別於理性的政客和學者，不會硬碰硬，多從感性、人性化的照顧者角度討論成人教育、兒童津貼、日間託管、入息豁免、合作社、全民退保、單親中心等議題，帶着母愛思量政策得失。她們的參與不但修直了婦女的道路，更讓下一代女性有機會發聲；也為停滯不前、充滿撕裂和對立的社會引發重新想像，料理大眾的傷痛。

社會學看匠心

匠心是本書的關鍵詞。進入二十世紀，手工匠已非社會的主要產業，學術界對匠心有什麼解讀呢？我嘗試向倫敦政治經濟學院（The

London School of Economic and Political Science）社會學教授Richard Sennett取經，從他的著作《匠人》（*The Craftsman*）一書中提煉有關匠心的解讀：

- 一顆把事情做好的初心／持久衝動（an enduring impulse）；
- 一份生活提案／靠手藝過活的建議案（a life project/ a viable proposal about how to conduct life with skill）；
- 一條正向公式／可持續的論述（a sustaining narrative）。

一顆把事情做好的初心／ 持久衝動

匠心以品質為先，拒絕粗製濫造，因此匠人出品必屬用心良品。這種心乃是人的基本渴求。Richard Sennett在《匠人》一書中鄭重聲明：

「工藝」一詞，彷彿暗示一種隨同工業社會冒起，繼而日漸消逝的生活方式。不過這種說法不無誤導成分。匠心可謂道出了人類一種持久、基本的慾望——好好完成一事，不求什麼，只因為其本身的緣故。

匠人精神可於不同領域發熱發光，不僅對傳統的手作技工，還對電腦程式人員、醫生、甚至畫家都有所裨益。許多事情只消用心而作，並視之為一門技藝，進步之時便不遠矣；養育子女如是，當好公民也如是。每一門技藝都有自身的客觀標準，匠人專注於此，努力不懈力求完善。

一份生活提案／靠手藝過活的建議案

此外，懷抱匠心等於接納一份生活提案、一種生活態度，推崇實幹、熱忱及手德三種取向：

實幹——不斷踏實地幹

所謂「台上一分鐘，台下十年功」，學曉一門技藝動輒要按年計算。有心理學家估計，一個人若要精通一個領域須至少花上萬個小時。假如風雨不改，每周花二十小時（或每天三小時），十年之後可由素人變身成達人。一雙巧手無法一夜練成的，不像工業時代操作機器般「撳掣」便行。學藝的人無捷徑可走，匠人的路是一步一步踏出來的，並只容許一種步法——腳踏實地。

熱忱——如投籃九千次的熱誠

除了天天上心、日日用功，匠人還擁抱一種生活態度，名為熱忱。「籃球之神」Michael Jordan曾說：「在我的職業生涯中投失了超過九千球，輸掉了近三百場球賽。當中，我有二十六次被託付執行致勝的最後一擊，但我卻失手了。我覺得生命中充滿一次又一次的失敗，但正因如此我才成功。」

他勉勵我們不要害怕失敗。但我更感興趣的是，世上有幾多人曾經投籃九千次？我敢打賭，他一生人的投籃次數比起那九千次落空，肯定還多出千倍萬倍。假如這位籃球巨匠欠缺熱誠，或者光靠一股蠻勁都難以堅持下去。匠人日復日、年復年埋首作業，用生命印證何謂熱情常在。

手德──從經驗提升手藝

匠心也可孕育一籃子「手德」(hand virtues)，我試用三個例子說明。

很多嘗試蒸水蛋的人都面對過失敗，一從鍋裏取出，蛋面就像月球表面般凹凸不平。經歷多次失敗後才學曉下鍋前要先「消泡」，即用匙羹把打蛋時攪起的泡沫舀走，蛋蒸出來才會平滑如鏡。蒸蛋和其他技藝一樣要不斷實踐、修正及汲取經驗。

又有如彈琴。手有強、弱手之分，寫字時用強手執筆當然自如，但彈奏樂曲就要靠弱手協助。學琴者要協調雙手，訓練強、弱手合作才可譜出美妙樂韻。此外，五隻手指也有強、弱之分，若強勁的姆指不作收斂，弱小的尾指受其牽動難以發揮。這協作、共生(co-existence)技巧，也是從經驗累積而來。

又有如廚藝刀功。在廚師課程第一堂，學徒學習用刀切開一粒熟米，但好刀法與力量無關。在莊子《庖丁解牛》寓言中的廚師宰牛過千，一把刀用了近二十載依然刀刃鋒利，就像剛剛經由磨刀石磨好一樣，秘訣是從不以硬撼硬。將蔬菜切絲時同樣要運用陰力，否則手起刀落、大刀闊斧會令蔬菜粉碎。

俗語有云「慢工出細活」，細活亦即細緻的工作，要求匠人掌握手上事物的紋理，不可強執己見只管用牛力。這種溫柔的力量是從經驗中掌握。

一條正向公式／可持續的論述

「召命」（vocation）的德文是"Der Beruf"，有知識遞增及意志愈發堅定的意思，是一種讓自己今生無悔的法則。匠人酷愛手上所作，堅信值得花上心思和時間，甚至窮一生去琢磨。

當匠人年華老去，驀然回首時會發現往事並非互不相干的碎片，而是一個綿延不絕、充滿意義的故事，它的主題或中軸正是匠心所在之處。難怪作者在《匠人》一書謝幕時如此高度肯定：「匠人，乃是我們可以成為最為尊榮的一種人。」

Chapter 1｜衝出黑暗，和孩子好好活下去

不少婦女從家暴或惡劣關係中逃跑出來後，頓時失去了生活依靠，並要母兼父職。讓她們堅強地走下去的動力，是和孩子好好生活下去。

「唔會死的，慢慢來，總之有咩事都可解決。」

稱呼：雅瑛

年齡：三十至四十歲，育有一子一女

職業：全職媽媽

突破點：遭遇家暴，帶子女出走

夢想／特長：克己、盡力、肯學、願捱

生命特質：少說話、多做事、節儉

有積極信念，

崎嶇路也是仙履奇緣

眼前這位媽媽不易開聲說話。

雅瑛給我一種安靜的感覺，她不會搶着說話、不會爭取成為焦點。她很平靜，相處時同在感很強，願意聆聽別人的聲音，時而報以抿嘴一笑。

我準備前往她的家進行訪問，地點是宏孝樓，請她分享自己的故事。在電話中我問她是哪一個「宏」及哪一個「孝」，她卻不知道如何形容。嗯，當時我估計這位受訪者的知識水平應該不太高，但我直覺認為聽君一席話定必有所收穫。子曰「學而時習之」，學問不只在四書五經之中，萬世師表都強調一個「習」字，即是生活實踐。

灰姑娘緊絀的家

——叮噹——我入屋不久，看見一位五歲大的男孩剛睡醒，往後兩句鐘他幾乎全程貼緊着媽媽，邊扭抱邊吃雪條。他未必聽得懂所有大人所說的話，但我知道一字一句他都聽了入耳，偶爾還插嘴補充。在訪問期間，這位小男孩只對我們的話提出過一次異議，就是當媽媽讚賞姊姊乖時，馬上搶着說：「她一點都不乖，成日打人！」

哪管是一所公屋，只要執拾得整整齊齊都可給客人舒服的感覺。雅瑛把一大盆洗淨了的葡萄放在茶几上，又給我一罐寶礦力飲品。直覺告訴我這罐飲品應該是另有主人，我當下毋須補充體力於是婉謝了，拿自己的水樽出來喝水。

雅瑛獨力照顧子女，經濟十分緊絀，多年來以僅有的資源照料他們。我感覺到這頭家一定有很多看不見的貧窮。

二手高跟鞋伴走天涯

雅瑛在我眼中像灰姑娘。雖然她身型絕不嬌小，卻常常穿高跟鞋出入。穿上後她的個子再高了幾吋，顯得格外大塊頭。

她說也覺得自己的造型怪怪，難怪好友對其打扮忍俊不禁。不過她已好幾年沒有購買新鞋了，高跟鞋都是由別人所轉贈。這幾對二手高跟鞋陪伴她踏遍天涯海角。她很節儉，每年只買一件平價衣服，也試過全年一件也沒有買。可是，雅瑛卻捨得花錢替子女添置新衣，以免他們在同學面前顯得寒酸，被人看不起而感到自卑。

「自己無咩所謂啦，都老了。」眼前的雅瑛才不過三、四十歲，笑盈盈的對我說。正所謂「女為悅己者容」，她在女孩子時代貪靚愛打扮，做了母親後竟可一點儀容都不顧。窮孩子在幕前穿得光鮮，原來母親在幕後努力「壓縮」自己，把所有資源擠給他們建立美好形象，用母愛把孩子的貧窮徹底遮蔽起來。

基層家庭的步行省錢模式

進行訪問的一年後，雅瑛的大女文恩將升讀中學。這是關鍵的一年，新學期開始後隨即安排她補習。補習費一分一毫都是媽媽擠出來的，就像每天使勁、不停地擰乾一條九成乾的濕毛巾。每月要額外節省數百元，再借一點，才剛好繳付每月過千元的補習費。

大女逢星期一至五上補習班，每晚九時下課，雅瑛從樂富家中出發步行到黃大仙接她回家。對基層家庭來說，這種步行省錢模式並不陌生。她們一家甚少乘搭交通工具，黃大仙、九龍城，以及新蒲崗一帶都屬於他們的步行範圍。

若弟弟未入睡，雅瑛會帶着他一起護送家姐回家。三人同行，雅瑛在路上不孤單，但並不容易走。不過，女兒偶爾一句話教她甜在心頭：「媽咪，知道你辛苦，知道你為我好。」

儘管這位母親已經不顧自己的儀容，有時候仍會自責，連累兒女的人生不能開花結果。「我唔想害咗他們。」談到子女前途時雅瑛心裏墜了塊石頭，常有虧欠的感覺。大女很生性，年紀小小已能照顧自己，這固然令雅瑛開心；但同時又讓她心痛，認為若非家庭經濟拮据，女兒一定可成長得更好。

「媽媽登山圖」永印腦海

我眼前出現了一幅圖畫：母女二人各自有一個安全網，雅瑛把自己的網左剪右剪，騰出材料補貼在女兒的網上，使它變成堅韌的彈牀，讓她的生命飛躍。我作為局外人，看到的畫面較為積極正面。

雅瑛說自己很「捱得」，不介意為子女捱苦，但腦海中卻有另一幅圖畫。在庇護中心居住的那年，天亮後一手用嬰兒車推着弟弟，一手挽着女兒的手，揹着大書包日復日送她上學。路上，雅瑛帶着四件大行李（嬰兒車、兒子、女兒和書包），遇上長長的樓梯時有如登高。這幅「媽媽登山圖」永恆地列印在她的腦海中。

當她提到庇護中心，我們的話題便轉移到她的婚姻關係上。多年前某夜晚上十一時，她作了一個人生重要決定。

那一晚，雅瑛陪女兒參加朋友的生日派對夜了回家。一入屋，丈夫大發雷霆推撞他們。雅瑛不能再忍受，毅然抱着兒子、拖着女兒離家出走到公園暫避。那一晚他們往友人家中借宿一宵，之後到庇護中心居住了一年。之後，又轉往新蒲崗的劏房居住，一年後才搬到目前的居所。雅瑛穿着高跟鞋，一口氣和子女走了漫長的飄泊旅程。

愛情追求浪漫感覺；婚姻追求實際生活、維持長久關係，當中有很多童話故事裏沒提及的場面。雅瑛和丈夫不和早有前科，非一時衝動。她說前夫是一名典型大男人，有兩大弊病：一是沒商量；二是大脾氣，大得令人無法招架。

早年家中的地板老化穿了很多小洞，兒子剛好學爬，發現地板上有膠粒碎片就放進口裏。雅瑛花了數千元購買了一批新地板，為慳錢就自己動手更換。但因鋪得不好被丈夫破口大罵。後來雅瑛經友人介紹，花了千多元聘請一名粉牆師傅幫忙，可是對方不擅於鋪設地板，後來被丈夫罵得更兇更烈，甚至動起手來。

當兒子出生後，雅瑛無法全副精神督促女兒做家課。女兒功課愈來愈多，往往晚上十一、十二時仍未完成，丈夫下班回家後見狀怒氣沖沖，最終雅瑛被丈夫問罪，女兒的功課也完成不了，翌日回校後遭老師責罰。

基層女性的多角度視野

所謂清官難審家庭事，作為一個訪問者我儘量不給予意見。但在雅瑛口中，縱使前夫未必是一位好丈夫，卻是愛錫兒女，有時甚至太縱、太寵。我真想不到，一個遭受家暴的女性也可從多角度評價丈夫。社會爭論政策時，很多人先入為主並堅持己見，無視各人的不同背境和面向，但這位受傷害的基層女性卻有多角度的視野。

雅瑛的前夫是地盤工人，主力紮鐵，工作和收入不穩定，開工不足的日子居多；加上他脾氣大，又經常轉工，後來因過度借貸而破產。雅瑛憶起這段日子，說丈夫每當沒有收入便差她去借錢，今餐未吃飽馬上要憂心下一餐，令她晚晚難以入睡。

雅瑛對這個男人描繪得十分仔細，我腦袋浮現了近年**香港紮鐵和碼頭工潮**的畫面。就社會學來說，社會問題不多不少直接影響工人的家庭；當家庭出了問題，反過來又影響社會。家庭和社會的問題互相影響，兩者唇亡齒寒。我為免愈想愈遠，儘快調整自己的思緒，由工潮返回雅瑛的家繼續進行訪問。

雅瑛說三口子逃出來後，在沒有丈夫的情況下，竭盡所能搞好家居。她有如灰姑娘般每天努力打掃，為子女打點一切，企圖把愁煩如塵粒般通通掃走，不留一點污垢，以防引發子女聯想到任何家庭污點。

有女作家曾說，女生的自主性由擁有個人房間開始。我敢打賭，雅瑛應該未看過這位文人的著作，但卻踐行了她的想法，就是為女兒打造一間自主的房間。就算弟弟嘈吵女兒也可關上房門，開張摺檯安靜地溫習。

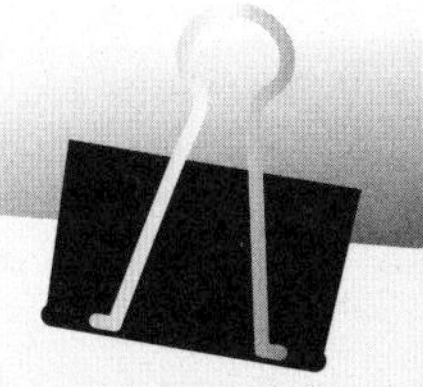

香港紮鐵和碼頭工潮

分別在二零零七年與二零一三年發生，前者歷時三十六天，後者歷時四十天，是本港二戰後歷時最長的工運。兩次大罷工都牽涉外判工人，詬病外判商涼薄，指薪酬和工作環境不及一九九七年前的水平。

以紮鐵工為例，除休息時間被取消外，日薪亦由十年前一千二百元下滑至八百元，被二判、三判削價後，有工人只獲四百五十元，難怪當時工運流傳一句話：「擔得起條鐵，擔唔起頭家。」

碼頭工潮方面，吊機手的遭遇最為公眾關注。他們在六層樓高的半空俯身向前操作起重機吊臂，一更長達十二小時，中途沒有休息時間，用膳時也須死守崗位，用繩索從地面把飯盒吊上來。就算人有三急也不能落地，大小二便通通在窄小的吊機室內解決。

失去丈夫，幸而還有親朋幫助

這間屋是雅瑛的心血，也是一份**社羣習作**的成果。除了雅瑛的努力，也刻銘了眾人的恩情，用有餘的去補充她們三口子的不足。雅瑛說，老鄉里每人送她一件傢俱；一班好姊妹如螞蟻般把物資逐件運送給她，還有社工協助申請公屋及綜援金。

踏着高跟鞋在縱崎嶇不平的路上行走難免有痛楚，但雅瑛卻痛而不苦，因為有人陪伴。除了子女外，生命中還有一班媽媽團結伴同行。

女兒讀幼稚園時，雅瑛結識了一班同學的媽媽。她們一見面就熱情地擁抱雅瑛，很疼惜她。當子女升讀小學後，這班媽媽團仍然風吹不

社羣習作

香港現行的社會保障制度倡議自力更生，多談個人能力，少提互相聯繫。「社羣習作」一詞啟發自心理學概念，名為「社會護航」（social convoy），指一個人在生命之旅中，身邊總有一羣輔助者相隨，既有正規的（專業人士），也有非正規的（親友）。這網絡給予各方面支持，包括情感（affection）、肯定（affirmation）及援助物資（aid），提醒人生並不孤單。

散，不時搞早餐聚會。可是，售二十多塊錢的早餐對雅瑛來說也是沉重負擔。面對一班好姊妹，內心這份苦衷難以啟齒。所以，送子女上學前她總是先在家吃飽，聚會時不購買食物。不久有媽媽察覺她的難處，表明不介意她飽肚出席，讓她在窮日子仍然有社交生活。

媽媽團之義海豪情

一班女士沒有多說是非，話題大多圍繞子女的校園生活。在雅瑛眼中這班媽媽很本事，大部分人思想正面，常對她作多番提點。雅瑛自覺處處不足，慶幸有這個支援小組讓自己和子女得到幫助，當子女學業遇上難題時可致電求教。某年女兒呈分試臨近，雅瑛心裏着急，其中數學科向來是女兒的死穴，女兒每逢不懂就逃避，愈逃避就愈不懂，成績不斷退步。後來媽媽團仗義襄助，上門為女兒補課。

雅瑛自言也曾經是怪獸家長，面對女兒繁重的功課時，不知不覺變身女巫，兩母女漸漸不再傾心吐意。以往她沿用上一代原始的打罵式教法，後來遇上防止虐待兒童會的社工，參加了十多堂減壓課和親子課後才茅塞頓開。雅瑛說當心煩時可在梳化安坐，歇一歇分散注意力後再慢慢教導。社工教她總要先聆聽孩子的心聲，自此母女重拾甜蜜關係。

雅瑛的腦海中有一個強烈信念：「我要做個好媽媽。」克己、竭力、肯學、願捱等人生態度，讓她贏得媽媽團的尊重。好幾位姊妹不時為她打氣說：「你的仔女日後若對你不好，我們會幫手責備他們。將來你老了，他們若對你不好，我們會出手責罰。」這些說話擲地有聲，令雅瑛很鼓舞。

綜援雙刃劍，誰願去領？

每次雅瑛看病後，在診所登記處取回綜援醫生紙後，會馬上摺好塞進手袋，擔心被人看見。綜援對她而言是把雙刃劍，一方面讓她維持生計；但另一方面也沉重得把她幾乎壓垮。她時常責難自己，弄得如斯田地要靠政府過活而無法大大方方養育子女。但針沒兩頭利，單親媽媽既要全職照顧子女，自然無法擔任全職工作，內心的掙扎不易說出口。

「當我想不通的時候，發現再想下去也沒有出路。我曾經禁止自己說出心底話，把感受鬱在心裏，結果搞出一身病痛。」縱使經歷了許多風浪，雅瑛今天仍臉掛笑容，作一個逆境達人。雖然物質上貧窮，但她心靈上十分富足。有朋友遭遇失意時，雅瑛總會主動勸對方多找人傾訴，並分享自己穿着高跟鞋跨過死蔭幽谷的故事。

「唔會死的，慢慢來，總之有咩事都可解決。」這類說話若出自順風順水之人的口，通常會被指「交行貨」或沒誠意；但經由雅瑛的口中說出，卻份外有說服力和感染力。

雅瑛的生命告訴我們：有積極信念，崎嶇路也是仙履奇緣。

跑腿媽媽

「我的人生，好多時都在逃跑。」

稱呼：倩青

年齡：三十至四十歲

職業：家庭主婦，育有一女

突破點：被迫婚

夢想／特長：盼望女兒有好學業

生命特質：勇敢、把握機會、有主見、不認命

只要堅持下去，
終歸有天會衝線

某年我的教會籌備聖誕聚餐，社福機構邀請我們接待逾百位來自基層家庭的人。當晚我認識了一位單親媽媽，九歲的女兒天真瀾漫，絲毫不怕陌生人，東逛逛西探探走遍全場，一見人就笑盈盈地打招呼。後來，我拜託一位相熟的社工搭路，相約這位媽媽在觀塘一間社企餐廳進行訪問。

她叫倩青，訪問當日額頭上掛了幾滴水珠。由於當時掛着三號風球，我分不清那是汗水還是雨水。她到達後我沒有即時取出紙和筆，只是點了一份tea set給她吃，讓她稍稍安頓下來。「嘩，好靚啊！」碟上的窩夫圍了一條條朱古力波紋，我習以為常的食物卻令她雙眼發光、讚歎起來。

「麻辣式」管教女兒

交談期間我倆鬧出一個笑話。她在四川長大，說話還略帶一點口音，當她以「麻辣式」形容自己管教女兒的方式時，我立時精神一振，一度誤以為她是日劇《GTO》的粉絲。「是馬拉松式！」她立即糾正我。

古語有云：「養兒一百歲，長憂九十九」，我不知道她這場人生馬拉松何時會結束。按耐力而言，倩青可能比任何一位樂施會毅行者優勝。這個有關跑步的比喻，套用在她身上很有意思，正如她所說：「我的人生，很多時都在逃跑。」她的腿似乎就是她人生的主題。

我聽她一口氣訴說了前半生的故事，由於太複雜和太多變，一度弄得我天旋地轉。倩青曾先後在中國東北和南方工作，由家鄉四川起步足迹踏遍瀋陽、福建、北京和天津，她前半生不斷遷徙、不斷尋覓，路程跑之不盡。

爸爸過身時倩青只有五歲。家庭經濟支柱塌陷後，一家人長時間捱餓，身上好幾年沒有披過一件新衣。三年內又先後經歷母親中風、大哥移民、二哥意外去世，逆境環環緊扣。她的人生競賽前半段全是上斜路，令她跑得疲憊不堪；一路上又有奸人迫害，幸而也有貴人襄助，給她在路上送上一杯涼水。

誰敢違背我訂立的婚姻安排？

先介紹一位奸角──倩青的親叔叔。倩青的父親死後，家庭由叔嬸主持，叔叔在村裏頗有名聲，只要一開聲足以扭轉她的人生。倩青小學時是村裏唯一能考上中學的人，可惜家庭經濟拮据，唯有打消升學念頭。長大後她想當幼稚園老師，但叔叔不支持，令她的夢想泡湯。

叔叔不但沒有切實地幫助她，還反過來不斷阻撓她的人生發展，除了事業外，還有她的婚姻大事。叔叔為倩青的人生擲下一聲聲恫嚇，至今仍縈繞她的耳畔：「誰敢違背我所訂立的婚姻安排呢？如果你敢逃跑，我就打斷你的腳，連腳根也抽去！」

她憶述在某年叔叔的生日，媽媽帶她和兩位哥哥前往賀壽，席間叔叔提起倩青的婚嫁問題，直斥她無資格為自己作選擇，人生大事也須遵循他老人家的意思。倩青既傷心又氣憤，想到假如父親仍然在生一定會保護她，讓她抉擇自己的人生。

離開時，要跟爸爸說聲「我走了」

倩青對父親的印象十分模糊，不過至今還牢牢記得他說過的一句話。倩青記得在入學初期，一清早準備踏出家門時被爸爸截停，教她做人要有禮貌，要尊重長輩：「阿女，你上學離開家門的時候，要跟爸爸說聲『爸爸我走了』；回家時要說『爸爸我回來了』。」

訪問期間倩青不斷強調，爸爸是孩子最大的庇蔭。假如當年父親仍然在生的話，自己的人生不會出現另一奸角——後父。

倩青的媽媽再婚初期，後父仍願意打工掙錢，但不久就原形畢露，只顧打牌、飲酒、抽煙，好吃懶做。這個男人又自作主張替倩青安排親事，迫她下嫁村內一名窮光蛋，還拍心口向對方家長保證會把婚事辦得妥當。當時，倩青乘着內地八十年代**姊姊妹妹站起來**的風潮，鼓起勇氣當面抗議，令後父十分丟臉。事後，對方竟串通她的叔叔向她以拳頭相向。

拳頭雖猛也難以令倩青屈服，婚事最終告吹。後父惱羞成怒發下毒誓：「倩青你一家若是家窰缸，我就是綿被，將會徹徹底底吸乾這個缸。」家庭的錢財被後父光，倩青心裏嘲諷說：「後父終於大功告成了，確實把我一家的錢財吸乾，變得非常窮困！」

倩青不斷抗爭，埋下離家出走的伏線。叔叔愈是禁止她作選擇，她愈是銳意設計自己的人生路。當時村裏早有「先頭部隊」離鄉外出打工，有舊同學建議她到瀋陽一間月餅廠當工人。村裏大部分人活在窮困中，要籌集路費並不容易，幸好有疏遠的堂叔和堂嬸出手幫助。倩青形容他們是生命中的「第一貴人」，兩人年輕時當教師，晚年省下些錢，二話不說就慷慨解囊送她上起跑線。

她出走那年才十七歲。為減低嫌疑，預先託朋友帶走一套便服，天未亮便動身起程。她隨身只帶了個小包，身上幾乎空無一物，偷偷從山裏的村莊逃走。山上沒有公路，她一直跑一直跑，穿過一層又一層濃霧，足足花了兩句鐘才抵達車站乘車前往城市。

「幸好我無被拐走！」她憶述當時人生路不熟，下車後根本分不清東南西北！

姊姊妹妹站起來

「未嫁從父，出嫁從夫，夫死從子。」耳熟能詳的一句話，道出了女性在傳統中國社會的地位──沒自由、受壓迫及無權自決婚姻，直至毛澤東打破了這個格局。

五十年代，毛澤東拋出兩句紅極一時的話，包括「女人能頂半邊天」及「時代不同了，男女都一樣」。內地著名社會學者李銀河如此評價：「我覺得最主要的變化發生在五十年代，中國廣大的城鄉婦女都參加社會生產勞動，這樣她們就不是舊式的婦女了，有了獨立的經濟地位，過去所謂『男主外，女主內』的觀念也根本的改變了。」

隨着八十年代初大陸改革開放，城市吸納大量低技術工人帶來人口流動，不少農村婦女外出工作擺脫農村式壓迫。

開美容院，無懼黑幫卻怕地產商

倩青打工僅賺得微薄的薪金，有餘的都寄回鄉給媽媽，或用來照顧二哥的遺孀。她改往福建修讀美容，又從不同美容院偷師，後來承包了一間美容院自家經營。

倩青的美容院業務有聲有色，高峰期聘用超過三十位員工，店子面積達二百平方米。她無畏黑社會以利刀架頸索取保護費，卻逃不過地產商的追逼。地產商見商場人流旺就瘋狂加租，威脅要收回舖位。

在這階段的人生賽道上，倩青的成績似乎不錯，而人生中重要的男人在這時候登場。友人向她介紹了一位菲律賓華僑生意人。他人品不錯，加上兩人志趣相投，相處一段時間就走在一起。

「我一生都嚮往做生意和出國，很想成就自己的創業理想，但覺得自己知識不足，想先學多點東西。聽聞菲律賓流通英語，我一直都喜歡英文，希望出發前說得流利、寫得順暢。」

但好景不常，倩青未及實踐進修計劃，這個男人的墊材生意每況愈下。倩青投入感情，在對方潦倒時並沒有背棄他，後來懷了身孕。他說會為倩青辦理菲律賓入籍手續，但礙於生意忙碌，吩咐她先獨自前往香港，稍後再接她往菲律賓生活。「當時我很愛他，很相信他。」可惜這位生意人的承諾沒有兌現，自此一去不返。

倩青誕下女兒星鈺後滯留香港，生活頓失依據。她一度帶女兒前往福建生活，朝九晚六替人看舖維生，每月賺取千多元收入。期間她收到錯誤消息，以為香港的保良局像內地的託兒院般，可協助照顧女兒兩至三個月，好讓她安心出城打工。

她和女兒再次來港，遇上社工後才知道被誤導。社工說，若把女兒送往保良局隨時會喪失撫養權，建議她申請綜援。當時她和女兒在香港租住劏房，一個單位被分拆成四間房，而母女倆居住的房間是由廚房改建而成。

「屋好窄，行路都要打側身。」生活艱難令倩青心煩意亂，結果熬了半年後，就跑往北京生活，安排女兒就讀體操學校，自己在當地的中醫院學習推拿。

出現生命中另一位男人

在北京的生活稍穩定的時候，倩青遇上生命中另一位男人。「他外表很好，練習散打，身高有一米七五。」由於同樣在幼年時喪父，兩人惺惺相惜，對方甚至騰出一間祖屋讓倩青把鄉間的媽媽接來居住。不過，他不久向倩青迫婚，催她在數日內辦好註冊手續。

雖然對方對自己不錯，但倩青壓根兒對婚姻欠缺安全感，對方苦苦相迫令她十分抗拒，唯有偷偷離開。在註冊前一晚，她交回對方給自己的金錢和銀行卡，於凌晨三、四時坐着經由好姊妹安排之的士，與女兒和媽媽一同偷走。當抵達火車站後，倩青才致電給這位散打好手告別和道謝。

一生最糟糕，就是沒有親人

「我的人生，很多時都在逃跑。」她憶述前半生被男性追逐、不斷逃跑，包括叔叔、繼父、女兒的親父及上述那位對她不錯的男友。唯一沒有追逐她的，是已不久人世的爸爸。

倩青慨歎地說：「我一生最糟糕的事，就是沒有親人。」聽後我表示明白，但心裏還不太認同。既然與女兒相依為命，怎可說沒有親人呢？其實倩青很愛女兒，無論如何都沒有撇下她，相信此話是出於一時意氣。「雖然我的家庭不好，但也想給她最多的快樂。」自從有女兒做她的人生陪跑員後，倩青的人生下半場不再孤軍作戰。

小女孩，你的名字是什麼？

作家雨果（Victor Hugo）說：「人生最大的幸福，就是相信別人愛你。」倩青的女兒不從父姓，名字也有特別意思，盼望她相信自己被愛。在先前提到的聖誕聚餐中，我曾與倩青當時天真瀾漫的女兒星鈺聊天：

我：「你的名字是什麼？」

星鈺：「星鈺。」

我：「你知否名字的意思？」

星鈺：「知道，代表珍貴。」

我：「你人生最寶貴的東西是什麼？」

星鈺：「是媽咪的愛。」

提到女兒名字的由來，倩青不禁熱淚盈眶。「她的名字是我改的，盼望她好好珍惜生命。『星』提醒她要好好讀書，人生要有光彩，要閃閃發光；『鈺』代表珍貴，提醒她要好好珍惜自己，珍惜身邊每個愛自己的人。」而最愛她的人當然是倩青。

盼女兒不要自限

媽媽前半生不如意，跑了很多冤枉路，寄望女兒不要自限，要自決人生。「如果想做，就要努力去爭取。」倩青不時叮囑女兒說：「女生也要敢夢想飛。」

發明家愛迪生（Thomas Edison）曾分享一個成功錦囊：「靈感一分，汗水九十九分。」如果科學發明有配方，倩青也有自己的一套育兒配方：「在女兒的學校曾看過一本書，說孩子成功與否，百分之九十九在於媽媽的努力，我很認同這觀點。」

之前提到，星鈺三歲半時曾往北京學習體操。當時倩青見女兒蹦蹦跳跳，明查暗訪找到一間獲國家認可的體操學校，於是安排星鈺一試看看有否天分。結果教練大讚她體質好兼柔軟度高。一般評審需時兩、三個月，星鈺花了兩天就獲得取錄。倩青為了女兒的前途，毅然遷往北京居住，可惜因經濟問題集訓了半年多就輟學。

倩青的人生路輾轉變化，訪問時我一度聽得天旋地轉。總之，兩人最終在香港落腳。

星鈺長大後實現了母親的期望，開始想為自己的人生作決定。二零一三年暑假前夕，倩青陪女兒回學校取成績表時，星鈺在禮堂的書展中看上一條價值八元的天主念珠，嚷着要買。媽媽提醒她家裏已有不少信仰飾物，勸別亂花錢。她聽不入耳，一手取走了媽媽的散銀包。

星鈺發現散銀包內沒有零錢，一怒之下獨自奔跑回家。不久倩青的手機響起，星鈺急躁地說家門的密碼鎖壞了打不開門，要媽媽即時回家幫忙。倩青匆匆趕回去，當走近位於七樓天台的家門時，卻不見女兒蹤影，只聽到有女孩子在哭。

前半生被男人追趕，後半生追逐女兒

這場景十分有趣：媽媽前半生被男人追趕，不斷逃跑；後半生卻追逐自己的陪跑員──親愛的女兒。星鈺看見母親後大哭，原來她一怒之下把自己的手機摔在地上，壞了。媽媽當場訓誡說：

「遇到不滿要保持冷靜，不要容讓怒氣上升。以後我們還會遇到很多事，衝動就可能傷害自己，就像地上的手機一樣，很多自殺者也是如此傷害自己。你若想冷靜一下可以深呼吸，並安全地離開現場，最重要是找人幫助！」

倩青憶述，買手機的錢原本用來購買電腦，不過女兒在圖書館見過大姐姐用手機程式學習英語，才改買手機給她。

倩青表示，一直很努力向社福機構和教會求教**協力培養**之道，以修正自己過往的管教模式。她承認自己曾經是怪獸家長，例如要求星鈺犯大錯後寫悔過書，就算識字不多也要寫一至兩句。假如她的行為過分，甚至要她在大庭廣眾下跪地認錯。

倩青和女兒的性格一樣心硬，起初不肯接受別人的協助，認為自己的家事自己管，不想耗費社會資源。後來她明白出了問題應儘早找人幫助，以免鑄成大錯，這正如自己在天台對女兒的訓誡。

這個單親家庭只有母女二人，遇到問題時很需要有第三者介入幫

協力培養

西方有社會學家說，富爸媽與窮爸媽有不同的教育方法：前者崇尚「協力培養」（concerted cultivation）和高度參與；後者主張「順其自然」（natural growth）。中產家庭重視協商（negotiate）；基層家庭偏向給孩子發出命令（order）。縱使家境貧困，環境不同，窮爸媽也可向富爸媽學習教育方法，以扭轉子女的命運。

忙。社工告訴她，社會也有責任栽培年輕人，萬一他們走岔路會增加社會負擔，故此教兒育女從來不是個人的事。

培育女兒好品格回饋社會

「社福機構的員工很有愛心，一直熱心地幫助我們，否則很難生活下去。我覺得受了益處便要回饋，故此決心培育女兒有良好品格。」倩青立志將女兒陶造成一位互助互愛的好市民。

倩青教導女兒重視感情。受訪時星鈺就讀小四，仍經常探望幼稚園的老師。此外，又教導她控制物慾：「小孩子不可能擁有所有想要的玩具，要珍惜所擁有的東西，不要越分追求。」除了物質外，她還注意星鈺的心靈需要。由於女兒缺乏父愛，倩青經常為她祈禱，請求天上的父賜下安慰。

訪問時，倩青讚賞香港是一個人道的地方，相比起內地投放更多資源照顧基層需要。她和女兒熱心公益事務，心願是幫助更多人，經常往社福機構擔任義工。此外，女兒除了為教會籌款晚宴獻唱，還當上「十蚊雞老師」，以低廉學費協助小一學生補習英文。

打破跨代貧窮宿命

倩青很節儉，在義賣會上一條售二十五元的牛仔褲，也不捨得買給自己；女兒反而扭着要買一頭巨型啤啤熊。「其實那褲子十分合穿，如果不買，我是否很傻？」這問題我不懂得回答。女兒卻把此事記在心中，義賣會幾個月後的母親節前夕問媽媽取了三十元，目的是購買一條褲子給對方。

有學者說假如一個家庭欠缺資本，無論在經濟或社會文化上，貧窮都會代代相傳。但是，家庭資本滯後，仍有方法打破跨代貧窮宿命，就是發掘個人資源（personal resource）。就像倩青利用自己作身教，讓女兒學習和別人分享快樂、分享資源，在物質不豐盛但愉快的童年中成長。

我和星鈺首次見面時，不忘問媽媽如何愛錫她。「媽媽很多時候都很節儉，慳錢買禮物送給我。最近她搬鐵閘時扭傷了肩膊，一直強忍痛楚不看醫生，直至買了聖誕禮物給我後，有餘錢才捨得去看跌打。」星鈺把媽媽愛錫自己的往績娓娓道來。

媽咪，這朵花送給你，我好掛住你

一生為女兒無私地付出，倩青也有件寶貴的收藏品，那是一朵手工花。「以往我常往大陸工作，把女兒短暫安排在當地兒童之家代為照顧。有次女兒在那裏學習製作一朵手工花，趁我回來時送給我。」倩青憶述女兒當時這樣對自己說：「媽咪，送這朵花給你，我好掛住你。這朵花，是表達對你的牽掛啊！」倩青衝線一刻女兒送上花束，此刻無價。

倩青的生命告訴我們，只要堅持下去，終歸有天會衝線。

■ 星鈺當年在義賣會發現大啤啤熊後攬着不放。

淚眼媽媽

「當時服務課說無法受理，我便哭得瘋了。」

稱呼：綺雯

年齡：三十至四十歲

職業：家庭主婦，育有兩女

突破點：遭遇家暴

夢想／特長：待女兒們長大後，嘗試做小生意

生命特質：爭氣、踏實、安分守己

逆境時只要保住性命，

總會一步步尋得幫助

八十後的綺雯育有兩名女兒。每當提及「前夫」，她總忍不住要在這個稱謂前，附加「嗰個」或者「所謂嘅」等形容詞，以宣洩對這位不稱職男人的控訴。

不少女孩子憧憬童話般的幸福快樂婚姻，但綺雯婚後卻跌進了流淚谷，經歷公主、王子沒有期待過的事：不忠、家暴，及法庭訴訟。

舊日的時空失控無序，至今她已重回正軌過正常生活。和不幸的事已相隔了頗遙遠的時空，心態也有所改變。不過，在言談之間，我發現她的眼淚似乎仍未流乾，傷口仍隱隱作痛。她的路是怎樣走過的呢？

一發薪，就樂意悉數寄回鄉

「我份人好踏實，生活都算有節奏，凡事都一步步來。」綺雯這樣形容婚前的自己。

早在十六歲時，她已經離鄉別井，從潮州跑到深圳親戚開設的士多打工，包吃包住，生活尚算穩定。她的學業成績不錯，初中時礙於家庭財政壓力，父母把資源集中投放在哥哥身上，她唯有放棄學業。但她毫不怪責媽媽，一發薪就甘心樂意地悉數寄回鄉。某天家裏遇上急事，媽媽向綺雯在深圳的老闆「預繳」了三個月薪金，她亦不介意。

兩年後綺雯受人賞識，獲介紹往服飾店當售貨員，薪酬比之前稍高。由於搬離了親戚的家，自此伙食住宿要自掏腰包支付，但仍撥出半份薪金作家用。

「成班蕃薯！」這位新老闆來自香港，當店子生意差的時候，便隨意拿一眾女售貨員出氣。綺雯為了生計只好忍耐，把這些指責說話記在心中，默默地告訴自己日後誓要出人頭地，爭回一口氣。

兩元一碗鹹魚白粥

二十一歲時的她一步步自立門戶，瞄準了商場一個專櫃，用便宜價錢租下專賣水晶等精品。她每隔數天，五時許天未亮時起牀，隻身坐兩小時火車前往廣州取貨。返回鋪位時已差不多中午，但她堅持把貨品通通擺好才批准肚子打雷。

二零零零年內地物價尚未漲得厲害，一碗白粥一元，再加一塊鹹魚只售兩元。這款鹹魚白粥，也成為了綺雯記憶中最經典的早餐。晚餐也沒任何奢華食物，隨便叫一客售四、五元的外賣兩餸飯。

工作幾乎佔據了綺雯的每個清晨，商場開門後她馬上開舖，至商場關門才願打烊。由於商場人流不多，再努力也只能賺取蠅頭小利。可是，她努力工作並非純粹為了金錢：「雖然賺不到大錢，但起碼能證明給人看我有能力！」

身邊有同學往酒吧工作賺快錢

有一段日子她的積蓄所餘無幾，每枚硬幣都得小心翼翼地花，連售一元的串燒豆腐也不捨得吃。「當時真的好想食啊！」綺雯至今還記得當時節儉的窮日子。

要生活過得輕省一點，她也曉得有捷徑可走。「身邊有同學去酒吧工作賺快錢。由於早上不用上班可以在日間逛街，晚上只需工作數小時，薪金又高。當時我經營小店每天工作要十多小時，一放工就想睡覺。縱使工作疲憊，只能賺取數百元。」

綺雯知道筍工背後不無代價。在酒吧工作易找快錢，但品流複雜很容易受欺騙。她說自己是潮州人，思想較為保守，某程度上約束了她。綺雯牢牢地記得，小時候聽過左鄰右里嘲笑出城打工的女生。假如有人回鄉探親時打扮得花枝招展，尤其是塗上口紅的女子，大抵會被推測在外從娼。為免一輩子淪為人家話柄，綺雯年紀輕輕時已經告誡自己：「我會安分守己。」

「捱苦，都要捱得開心。」綺雯堅持做好分內事，要對得住自己。可惜，這份耐磨、不怕吃虧的性格，卻沒有為她帶來美滿的婚姻。

婚後來港發現丈夫有外遇

綺雯終日埋首在小店生意中，撐了年多後遇上生命的另一半。她和一名香港警員結婚，不久懷了孕，歇了多年來忙碌的工作。綺雯在大陸安胎，丈夫在香港工作，逢週末返回內地與她團聚。

雖然夫妻二人分隔異地，但綺雯在內地有親朋照顧，安穩地渡過了整個懷孕過程。後來她和女兒到港與丈夫生活，安排她就讀本港的幼稚園，而她也意外地懷了第二胎，但殺她一個措手不及的是她發現了丈夫有外遇。

丈夫經常夜不歸家，外遇時常打電話到家中跟綺雯吵架。綺雯產後患上抑鬱症，經常以淚洗面，情緒十分低落：「我一度情緒激動，試過拿着刀子等丈夫回家。」

丈夫每月給綺雯一千八百元作家用，不足其薪金十分之一。這筆費用在大陸生活時仍可勉強應付開支，但在香港生活卻難為了巧婦。她臨盆時曾要求丈夫增加家用，對方卻推搪說待誕下孩子才算，後來亦只加了二百大元，幾乎把綺雯氣瘋。

爭拗後被打，只好息事寧人

有次爭拗後，綺雯給丈夫壓在地上，大喊救命鄰居沒有理會，六歲的大女偷偷報警。當時綺雯身上有傷口，向到場警員表示考慮入院治理，但有人提醒她，這有機會令丈夫面對刑事檢控，留有案底；也有人提醒她若丈夫出事，小孩子可能被送往保良局。綺雯聽得心慌，當時大女又放聲大哭，想到丈夫既然保證下不為例，最後決定息事寧人不追究。

可是，兩人婚姻的風波卻沒因此而平息。綺雯和丈夫頂嘴時往往不留情面，丈夫的說話尖酸刻薄：「養隻狗都好過你。」後來綺雯再被虐打，情急之際與兩名女兒衝入房間，把門反鎖並堵塞房門，不敢出來。丈夫還以顏色，截停電源欲迫使她們走出來。綺雯憶述當時正值炎炎夏日，就算替女兒脫了衣物依然渾身是汗，至丈夫出門上班後，她們才敢竄出來。

綺雯後來把這些隱藏已久的家事，向一位媽媽──大女同班同學的家長一一透露。綺雯聽從她的建議向社區組織尋求協助，並致電給社署的保護家庭及兒童服務課。但服務課的人解釋必須先由法庭轉介才可跟進，翻查警局的資料並沒有她的報案紀錄，所以無法受理。

綺雯大為費解，指當時女兒曾經報警，應該不難檢索記錄。「當時服務課說無法受理，我便哭得瘋了。」職員聽她哭訴過後，嘗試找其它途徑立案介入。綺雯說個案主任處處質疑她的說法，寧願接納丈夫的理由；她投訴遭人拳打腳踢，卻被質疑先挑起事端。

錢花光了，連即食麪也沒有了

經一番調解後，丈夫對綺雯的經濟封鎖愈演愈烈，一度整個星期沒有回家，自此失去聯絡。綺雯和女兒花光了錢，家裏的乾糧、即食麪耗盡了，米缸最後一小撮米也煲了白粥來吃。她唯有拜託小叔幫忙，看看可否聯絡上丈夫。小叔在電話中主動提出給她五百元解燃眉之急，吩咐外傭馬上送給她。可是，綺雯發現小叔竟然給了她六百元。

翌日丈夫回家後嘲諷她，指小叔多給她一百元，目的是考驗她是否誠實。綺雯回想這一幕時不禁哭紅了眼：「好侮辱！就算小叔多給我一百元，我也不會隱瞞，所以情緒變得更差。」

三人吃一碟飯，女兒吃剩自己才吃

丈夫仗恃物業是屬於自己，某天把心一橫不讓綺雯與兩個女兒入屋，自此三口子被逐出家門。她們除了身上的衣衫外，什麼東西都沒有，唯有前往庇護中心暫避。但綺雯身無分文，連車資也要問人借。

縱使面對轉變，她仍堅持儘量不要連累小朋友，如常接送女兒上學。早上女兒捱着餓上學，至中午學校派飯時才有食物進肚子；至於晚餐，因着庇護中心嚴禁煮食而要外出解決，每晚只得買一碟飯三母女分享，女兒吃飽後她才嚐第一口。

她苦無出路嘗試申請綜援，卻因來港不足七年而被婉拒。她向社署保障部的職員懇求，說就算自己不合資格也請幫助她的孩子。職員表示同情，但指綺雯尚未離婚，除非丈夫願意簽紙宣誓不再撫養她們，否則署方也愛莫能助。可是丈夫似乎有心戲弄，再三拒絕簽名宣誓。

綺雯和女兒一步步在街上走，感到身心俱疲，走一小步也感乏力。車輛在旁像風一樣呼嘯而過，綺雯忽然萌生了自殺念頭，打算衝出馬路輕生，以一把憂傷失喪的聲音問身旁的女兒：「不如死咗去啦……」大女聽後當場嚇呆了，三歲的細女說：「媽咪，不要死，死咗會變鬼，黑黐黐變鬼我會好驚。」女兒一句說話，把這位媽媽喚醒。

綺雯慌張地撥了兩個電話，一個撥給女兒同學的媽媽，一個撥給保障部的職員，希望他們幫助她兩個女兒。同學的媽媽接電話後不住勸說，着綺雯保持鎮靜，馬上趕來幫助她；而保障部的職員也不怠慢，表示會協助她撰寫斟情報告，先審批小孩的綜援金，過程中毋須再跟丈夫糾纏。

她們居住的庇護中心設有入住時限，綺雯要另覓地方居住。庇護中心內一些過來人向她介紹群福婦女權益會，這是非牟利的互助組織，專門關顧被虐婦女。綺雯透過權益會的劉姑娘，得悉恩恤安置受虐婦女的資訊。

可惜，當她向保護家庭及兒童服務課的女職員查詢，卻發現恩恤安置服務並不適用於她，因為離婚後才可輪候公屋。但是，一旦離婚，輪候程序跟一般申請無異，很難在短時間上樓。劉姑娘主動聯絡社署個案主任商討，署方終於開綠燈協助她們儘快上樓。

上天不是懲罰你，只是考驗你

經歷連番波折後，綺雯雖然解決了生活困難，但心裏仍有一根刺：「當時就算上了樓，我也整日怨人、鬧人，覺得上天對我不公平，為何他（丈夫）的日子過得比我好？當時不斷有人對我說，發現他不只有一個外遇。我覺得天無眼，為何不懲罰這些人？我沒有做錯反倒要懲罰我？當時我的情緒就是這樣，怨恨好重，覺得很委屈和無人明白；我又不想把情況告訴人，一切事收藏在心裏。我有時很想打人，最終發洩在兩個女兒身上。」

後來，綺雯認識了防止虐待兒童會的黃姑娘，給予她很大幫助：「其實上天不是懲罰你，只是考驗你，一直有派貴人來幫你。」綺雯細想又覺得不無道理，一直以來，路縱使難走，卻一步步遇上不少好心人來攙扶，推翻了「天無眼」的結論。

黃姑娘是綺雯生命裏其中一位貴人，首次家訪時發現她連一張凳也沒有，遂在網上發放消息呼籲好友把傢俱捐贈給她。無獨有偶，黃姑娘有朋友的親戚快要出國讀書，全屋傢俱統統送了給綺雯，而黃姑娘還幫忙安排運送。

大女：我想要一間公仔房

但小孩子並不如成人般懂得感恩。大女一直夢寐以求有一間公仔房，在內放張公仔牀。「女，請你給些時間媽媽吧？」綺雯一方面不斷安慰她，一方面發揮創意，把不同大小的公仔貼紙貼滿牆身和牀頭。

儘管傢俱不是新簇的，綺雯也很快樂：「終於似番間屋了。」隨後政府推出了連串一次性紓困措施，包括「綜援雙糧」，還有全港市民人人獲發六千元的安排。綺雯依然印象深刻如何分配這筆錢——買了一部三千元的洗衣機和二千九百元的冷氣機。

「家居開始像樣了，我愈來愈有心機打理、有動力去佈置；我亦愈來愈有心機為女兒打聽進修的消息，給她們找一些便宜的學習班。」綺雯很希望用自己的遭遇向女兒進行生命教育——做人要感恩，有飯吃、有屋住便滿足。

但孩子似乎不明白她的苦心。同學在面前揮動芭比公主筆，大女就心癢癢渴望擁有，偶爾糾纏着媽媽不放。綺雯沒有迴避問題，反而跟她們權衡：「想要有滿屋玩具，但換來一個缺席媽媽；還是想擁有少點禮物，卻有媽媽常伴左右？」兩姊妹一聽，二話不說就撲上前擁抱媽媽。

綺雯本來已經準備出外打工。受訪前的暑假，她參加了再培訓課程，考獲化妝與修甲證書，並獲當局轉介工作。「我有位朋友畢業後月入萬多元，但要在假期上班。當時女兒成績科科不及格，我顧得工作就難以兼顧她的學業。」

假如綺雯往莎莎或者英格蜜兒工作，安排女兒放學後到補習社溫習，自己放工後才接她們回家，每月也有不錯的收入。不過她為了女兒寧願捨棄事業，一心一意當全職媽媽。

一條「七年」的分隔線

綺雯清楚知道照顧女兒不可單憑一己之力，不斷向志願團體學習彌補單親家庭的缺口，譬如在暑假時讓女兒參加繪畫班、童軍及學習Ukulele小吉他。

除了接受別人的幫助外，她也不斷花時間當義工，定期探訪其他新移民婦女。一些專門服務新來港人士的組織讓她倍感自在，除了一眾媽媽背景相若、話題無窮外，大家還少了一條「七年」的分隔線，毋須比較是否有足夠居港年期。

綺雯說，這條分隔線經常在新來港人士的社交圈子出現。一般來說，未住滿七年的人會被看低一線，這條線象徵了人與人的差異，把人分類為上下高低；而家庭的經濟背景也是另一條區分人的界線。綺雯說假如朋友花錢豪爽，自己事事節儉，大家難以平等相處。她喜歡跟經濟狀況差不多的媽媽相處，彼此交換慳錢錦囊。「分享節儉之道，又有什麼不好？」

綺雯也不忘把生活和社交智慧傳授給女兒。「要交好朋友，除了要真心對人外，也要不計較得失。別人對你好，你也要對人好啊。」

某些女性獨有的脆弱面向

綺雯的故事正反映香港某些女性獨有的脆弱面向。礙於傳統社會以性別分工，男主外、女主內，當夫妻關係一旦瓦解，女方在經濟上長期倚賴男方的弊病馬上浮現。若加上新移民身分，女性的脆弱程度加倍，當年這些壓力幾乎把綺雯推上絕路。

不過，綺雯碰上不少專業的幫助者，她的故事揭示了一個道理：生命的改變絕非單靠個人能力，而是一份社羣習作或者集體創作。人生中有一支載滿補給品的艦隊護航，才可熬過連串突如其來的狂風暴雨。施助者的一句話可為正處苦難的人驅散內心怨氣。撥開雲霧後，苦難恰似換了一件新衣不再惡形惡相。綺雯有形無形的受助經歷，化成她日後助人的無形資產，鼓勵她協助其他新來港婦女渡過難關。

訪問進行前，法庭剛裁定綺雯的前夫須跟她瓜分一半物業資產，並且每月繳付四千五百元贍養費，自此三口子不用領取綜援。綺雯說判決還她一個公道，也讓她毋須再依靠社會資源生活，讓資源留給其他有需要的人。

事過境遷，心裏仍有餘悸

當一切看似事過境遷，婚姻的陰霾仍然沒有離開她。綺雯經常發同一個噩夢，夢見前夫呼一聲一腳踢爛家門，手持一把刀向她撲過來。後來綺雯證實患上了夢遊症，有時半夜三更彈起牀大叫，驚慌地把門鎖好。這趟黃姑娘又來幫她一把，拜託任職心理學家的朋友幫助她，免費提供二十多次療程。「心理學家說，我之前的潛意識沒有處理好，好像警鐘一樣不斷提醒我內心有這些問題。」

寫到這裏，我嘗試用陽光一點的調子結束這個故事。

綺雯很想答謝每位曾經向她伸出援手的人，一到端午節就包裹大籠糭子派給他們。偶爾還會和幾位親密的新來港婦女，邀請兩三位義工到家中吃火鍋，鼓勵大家繼續服務社會。

有天綺雯收到免費話劇門券，可惜要接幼女放學不能出席。她腦筋一轉馬上跟一位媽媽達成協議：對方代她接幼女放學，自己就帶同對方的小朋友一同觀賞話劇。這羣媽媽不知不覺編織了一個互助網絡，讓助

人的力量不斷延伸。

綺雯的生命告訴我們：逆境時只要保住性命，總會一步步尋得幫助。

■ 當年害怕黑飃飃的幼女救了母親一命。

Chapter 2｜告別傷痛，讓陰霾逐漸消散

縱使肉身離開了黑暗能存活下去，心靈仍難免有痛楚。鼓起勇氣開放自己的內心，容讓身邊值得信任的人介入提供幫助，陰霾自然能逐漸消散而去。

陶瓷媽媽

「自己經歷多可以鼓勵人。其實你哋唔係咁慘，可以捱得過的。」

稱呼：婉珍

年齡：五十至六十歲

職業：兼職家務助理，育有兩子

突破點：喪子

夢想／特長：儲一筆錢應付小兒子的學費

生命特質：學懂放手、負傷幫助他人

容許生命中有瑕疵，
可痛而不苦

班上每位學生，正在按導師吩咐生疏地揉着泥團。

首堂習作是捏一隻陶瓷杯。這班陶瓷新手約有數十人，年齡橫跨老、中、青三代，當中有男有女。課堂中各人通通垂低着頭，似乎無暇交流半句，只顧各自各搓。就算旁人弄得雞手鴨腳把瓷杯模型弄塌了，同學們連望一眼也不願。直至下課一刻大家依然零眼神接觸，一聲不發拔腿各走各路。

情緒病藝術治療工作坊

這是一個專為情緒病人而設的藝術治療工作坊。五十歲出頭的婉珍是其中一名學生。她剪了一襲形象鮮明的陸軍裝，體形略胖，個子不高，說話語速間中遲緩。近年她試過整整一星期足不出戶，若非為了預備小兒子一餐飯，她可能把自己困在家中更久。

小時候的她性格不是這樣的，不受任何事物羈絆，身心一點也不遲緩。她是一名野孩子，住在石硤尾七層高的大廈，一有空就跑上山燴蕃薯，只是她大部分時間獨個兒呆在家中，寂寞得很。她的爸爸天天為口奔馳，媽媽亦要幫補家計，天天推木頭車上街賣車仔麪，比婉珍稍長一點的姊姊在麪檔洗碗。至於大哥一早就給家人送往寄宿學校，細妹才剛剛入讀幼稚園。

十九歲時與男友私奔

婉珍年幼時，父母戲言她是從垃圾筒撿回來的。她曾經信以為真，一直幻想「親生」父母會找她相認。「因為當時我年紀還小不用工作，生活相比家姐和哥哥舒服得多。只是真的很孤獨，整天在家不知做什麼，好希望有人關心自己，不想被拋低在家中。」婉珍小學畢業後開始工作，一直懷抱一個簡單心願，渴望早日成家立室，天天打理家務和煮飯等待丈夫下班。十七歲時她邂逅了一位男生，兩年後因父母反對而私奔，同年誕下麟兒。

婉珍婚後如夢初醒。爛賭的丈夫不僅沒給家用，還經常負債纍纍。為了代夫還債，年輕的婉珍毅然到酒吧應徵工作。「見工時職員拒絕我內進，以為我未夠十八歲，我把身分證給對方查看。」初時她負責搬啤酒和開瓶蓋，幾年後學習調酒。

由於外國水兵不時流連酒吧，多數慷慨地給予小費，故此當時婉珍的收入不錯，儲蓄一筆首期購入一個單位。可惜丈夫賭癮纏身，輸多贏少，弄至一家債台高築，單位供了兩年後爛尾收場。婉珍加班工作維持生計，每天做足三更，即一口氣工作十多小時：早更由下午三時至晚上七時；夜更由晚上七時至凌晨三時；凌晨更由凌晨三時至清晨七時。

不服安眠藥無法入睡

工作與睡眠幾乎佔據了她整個人生，下班後即時睡覺，睡醒後又馬上趕去上班。「當時我好幼稚，以為甘心捱苦可以感動他，盼望他早日改變。」由於工作太辛苦，婉珍的睡眠質素愈來愈差，不服安眠藥無法入睡。開始時服兩粒、三粒，逐漸愈吃愈多。

她曾經試過半夜醒來，在藥力未退的情況下，糊裏糊塗蕩到便利店購物，直至翌日醒來，發現家裏多了一袋二袋古怪的東西。她日漸消瘦，身體又乾又癟，難怪爸爸誤以為她染上毒癮。某次上街時，她由街頭到街尾被警員查了四次身分證。有次更誇張，追小巴時引起警員疑心要截停查問她。

甚至幾乎搞出人命，婉珍半夢半醒時多吞一粒安眠藥，結果翻箱倒櫃把所有安眠藥灌進肚裏。「當時我致電丈夫，他聽我不斷胡言亂語說起英文來就知出了事，馬上回家召十字車送我往醫院洗胃。」婉珍不斷掙錢還債，但浪子終歸沒有回頭戒賭，自己卻熬至胃出血住了一個星期醫院。

大仔物質生活放縱，欠缺關心

媽媽當了債奴，兒子就交由婆婆照顧。婉珍儘量每星期抽一天與兒子見面，可是有時下班後累透，只好取消約會。每次團聚，她都讓兒子放縱物質生活，帶他逛街、吃自助餐，任意選購心頭好。訪問期間婉珍反思說：「當時我的心態和思想都不成熟，覺得物質可以填補一切。當時兒子的物質生活確比其他孩子優勝，但我沒有時間陪伴他。他未必需要我買東西，只是想我多花點時間關心他。」

兒子小學二年班後回家與她同住，但久不久就離家出走，婉珍經常報警尋找兒子。但警員因按過往紀錄多數叫她耐心等候數天，婉珍遂找社工跟進。

兒子中二時輟學後轉讀建造業訓練局課程，十六歲時完成了培訓課程投身社會，跟師傅在地盤幹活，月入有萬多元，後來租屋自己住。但好景不常，**「沙士」**襲港，樓價大跌，市道低迷，讓他六年的建造業生涯終告一段落。他當時才二十歲出頭，試過轉行做跟車，又試過製作壽司，以及在桑拿店和茶餐廳工作。礙於他有懶牀陋習，每份工都做不長。「他做事好用心，不怕蝕底，但有懶牀壞習慣，又經常遲到，老闆忍受不了遂解僱他，不過個多月後又重新聘用。」

兒子誤交損友，開始濫藥

雖然獲得老闆愛惜，但兒子誤交損友後開始濫藥，甚至向人借錢。婉珍替他一次還清債務，他卻變本加厲，甚至販賣毒品，以掙更多錢吸毒。有次他濫藥後神志不清被人慫恿爆竊，怎料未打破店門，便呆站在舖外給警方當場拘捕。

保釋候審期間，他產生幻覺，常常大鬧被人追殺；在家中的行為十分異常，煞有介事藏起一把牛肉刀，有時又神經質地從鎖匙孔窺探門外

沙士

指在二零零三年二至六月期間在港爆發的一場「嚴重急性呼吸系統綜合症」（Severe Acute Respiratory Syndrome，簡稱「SARS」，音譯「沙士」）的瘟疫，導致一千七百五十五人感染，奪去二百九十九條人命。疫情一度失控，在社區接連爆發，當時淘大花園E座居民要被強制隔離，全港學校宣佈停課，世衛亦對香港發出外遊警示。由於病毒可從患者咳出的飛沫傳播，每當有人咳嗽或打噴嚏途人紛紛躲開。當時街上人人戴口罩，回家後馬上洗手。不少人乘搭電梯時以鎖匙代替指頭按掣，弄得按鈕上的膠套留下一個個壓痕。

情況。後來法官判刑，安排他進入小欖精神病治療中心。他一度憎恨媽媽，責怪她把其精神問題轉告法庭，害他一輩子被標籤。往後一年，婉珍每月信寫給他，盼望他原諒自己一直疏忽照顧：「他後來覆信給我，說過去的事不要再提了。」

與丈夫復合再度懷孕

探監時婉珍抱着一個牙牙學語的小孩，叫全仔，跟獄中的親哥哥年齡相差二十年。婉珍原本跟丈夫分開了，在一次大陸旅遊途中巧遇，與丈夫復合後再度懷孕。

但是，丈夫再次嚴重失職，為兒子簽署出世紙也耽擱足足年半。婉珍說，往後他每隔幾個月才和家人見面一次，又屢次無故爽約，難怪兒子小時候已經絕少提起父親。小兒子出生後婉珍辭退酒吧工作，轉往屋邨商場替人改衫，每天開工時小兒子都在身旁陪伴。她向小兒子設下一條規則：可自由自在地玩耍，但不能離開商場範圍。

婉珍形容，小兒子童年時是隻跳上跳落的小鳥，身邊經常被一大堆人圍繞，有熟稔的、也有陌生的，年紀都不盡相同。他很喜歡接觸人，即使相隔九里路，一旦瞥見熟人也會笑盈盈主動揮手。探監時弟弟就像去了遊樂場一樣，隔住大玻璃近距離望哥哥，跟他用電話筒對話，憧憬哥哥出獄後與自己一起生活。

弟弟沒跑動之處，像困在囚室

自三口子一起生活後，弟弟很快感受到兩極的管教方式。他感覺媽媽對自己寬鬆，哥哥對自己則教之以嚴，兩兄弟關係開始變差。哥哥刑滿出獄時，弟弟準備升讀小一，學寫的生字愈來愈多，當他的功課字體寫得稍不端正，或忘記捧起碗吃飯時，哥哥就動手打罵。媽媽替他求情時，哥哥發怒說：「我以後不教他了！」

婉珍憶述，若她繼續工作或會讓小兒子淪為街童，故此當他升讀小學後，便辭去工作當全職媽媽。「當時我沒有上班，整天和兒子困在家中。小兒子很容易哭，常說經常被哥哥針對；他在家中沒有地方跑動，每天像困在囚室內。」

而大兒子也開始出現問題，由於長時間失業，再次抵不住毒品誘惑。他試過在家中吸毒後，把半個身體跨出窗外，以死恫嚇婉珍。婉珍說：「當時他差不多整個人跳了出去，我僅用手勾着他的牛仔褲把他扯回來。」

家中不斷嘈吵，小兒子在小一時所繪畫的一張恐怖畫作道出了一切：屋子的第一層住了一家三口子，大家安然無恙；上一層，三個人當中有一個打罵最小的一個；再上到第三層，一家人吵吵鬧鬧；在屋頂上，有一個人站在壆位。「最後有人跳咗落地，地上有堆肢離破碎的人，好恐怖。」婉珍還清楚記得。

大兒子願意接受福音戒毒

後來大哥被媽媽逐出了家門，但兩個月後回家央求媽媽給他機會改過，願意嘗試福音戒毒。婉珍找來基督教互愛中心的同工幫忙，幾個月來每星期陪他出席教會聚會。隨後大兒子接受連串戒毒治療與栽培，前往離島一條村寄宿過羣體生活，訓練為期十二個月。不過營內一些年長的人不時吹嘘昔日行走江湖的威水史，大仔直言吃不消，熬了兩個月後離開。之後他斷續地到教會聚會，偶爾抄寫聖詩靈修。

正當大兒子的情況逐漸穩定，婉珍的親父癌病復發。她的心力又要離開兒子，不停進出醫院探望父親。當父親過身後，大兒子搬到婆婆家居住，婉珍與小兒子則搬往剛獲派的公屋單位。三口子雖然分開生活，每星期只團聚一次，關係反而有好轉。每次見面時，哥哥帶弟弟逛公園、踢皮球，兩兄弟組成了夢幻隊。這段日子母子關係最和平，婉珍在廚房炒菜時，大兒子靠在雪櫃旁陪伴她，跟她細說當年情，彷彿重拾失去了的時光。但很不幸，開心的日子維持了不足一年。

得悉兒子墮樓身亡，以為是惡作劇

某天清晨六時，電話鈴聲打破了寂靜。婉珍睡眼惺忪地起牀接聽電話，對方告訴她大兒子墮樓身亡。她不以為然，以為有人搞惡作劇，責罵對方後旋即掛線。但不久電話又再響起，詢問婉珍是不是肇事人的媽媽……

婉珍頃刻麻木了，來不及作任何反應，只曉得儘快趕赴現場，落口供後前往母親的家。陸續趕來的家人一一哭喪了臉，婉珍反過來安慰大家說兒子一臉安詳。

「當時應該哭的人是我，但我還要安慰各人。我打電話給大兒子生前的朋友，嘗試找回衣服等遺物；第二天去殮房再次認屍，安排解剖。我一個人進入殮房，職員請我認清楚面前的人是否自己的兒子。他在牀上瞪着眼望向我，剎那間我很想哭，好想大聲問他為何要自尋短見。」

初時家人大多以為他服藥後失足釀成悲劇，直至檢視他手機上的短訊才真相大白。原來他自殺的念頭已醞釀了一段時間，去意已決，每日或隔天寫下多封遺書：

寫給媽媽的遺書

「好好咁生活，好好照顧細佬，好好照顧阿婆，千祈唔好畀細佬學我咁行差踏錯。」

寫給大姨的遺書

「大姨，對唔住，我到宜家都仲要呃你，因為我無能力還返錢畀你（大兒子輕生前曾向大姨借了二百元修髮並染回黑色）。」

寫給舅父的遺書

「好好保重啊。」

寫給表妹的遺書

「你好好照顧自己，得閒要搵爸爸食飯，佢都好悶㗎。」

寫給細姨的遺書

「細姨我好辛苦，好多人迫我，我已經好努力去搵嘢做，但係我搵唔到。唔係唔去搵，好努力㗎啦，但係都唔得，請你原諒我。」

讀畢短訊的一字一句後，婉珍終於大哭，哭得撕心裂肺。「我阿媽年紀大，終日在我們面前吟沉，說大兒子不是整天在家睡覺便是逛街。」婉珍說，似乎大家一直都不明白大兒子。

婉珍告訴自己一定要撐下去，因為膝下的小兒子當時不足十歲，身邊的人通通放聲慟哭，萬一她也失控小兒子就更不知所措。「我知道要站起來，要照顧小兒子，要處理很多事情，迫自己不要哭。後來，我一個人到殮房領屍去殯儀館……我請職員儘量把兒子的樣子整理好，讓大家好好見他最後一面，如果情況太差就請用布掩上。結果兒子的樣子整理得不錯。」

靈堂上讀到兒子的人生，她跑往廁所哭

婉珍強忍眼淚，直至在殯儀館告別儀式中聽到兒子的生平時，又再度泣不成聲。「當讀到他生平的時候，我跑往廁所狂哭，內容大概形容他是條三文魚，人生一路逆流而上，最後仍然被人捕捉。他已經好出力地游，但身邊的人卻不認同，還批評他未盡全力。」既要隱藏自己的悲痛，還要反過來安慰家人，婉珍感到十分辛苦。

由於中國傳統忌諱白頭人送黑頭人，大殮當日婉珍須迴避，葬禮餘下的儀式由小兒子獨自面對，包括目送哥哥的靈柩隨輸送帶，緩緩地送往焚化爐，並親手按下火化爐的按鈕。「小兒子很可憐，要獨自處理這

些事，但我又不可以幫助他。到今天我仍然很遺憾當時沒有出席，真的好想在告別儀式中捉住他的手。」

發現小兒子情緒出現問題

「耶穌呃人！」哥哥過身後幾天，媽媽有晚在臨睡前提議和小兒子一起禱告，但途中他忽然衝口而出指責耶穌，聽得媽媽一頭霧水。「叫祂保守哥哥但卻沒有……」他一邊解釋，淚珠一邊滾落臉頰。婉珍想抱他，讓他好好痛哭一場，怎料他一手推開，馬上揮手拭去眼淚。這名小三學生自此再沒有在媽媽面前落淚，強忍不住就躲往廁所哭泣。

「他認為自己要當保護者，要保護媽媽。」婉珍如此推敲。往後一段長日子，小兒子在家裏築起一道又一道防護網，枕邊不是擺放了竹便是棍，睡前要檢查一番，確保大門、鐵閘一一鎖好。後來他的警戒攀升至最高級別，把繩子一圈一圈包圍整張牀，再掛上噹噹。「總之他沒有安全感，不喜歡別人接近。」

婉珍徹夜難眠，不久也倒了下來，感到體內每塊骨頭都疼痛。有時在街上劇痛襲來，也不管途人的眼光邊走邊落淚。她發現自己懼怕接觸外界，以往輕輕鬆鬆送小兒子上學的一段路頓成一條畏途，在地鐵站等小兒子放學時刻意避開人羣，獨自躲在廣告牌後用襯衫和連身帽子罩住自己。除了人影，太吵的人聲也會擾亂她的情緒，而小兒子也成為她的發洩目標。

「有段時間我不知自己是否有問題，不停責罵小兒子，想拿鎚仔指向他，甚至想攬着他一齊死，但他只不過在梳化上跳來跳去。我的情緒很受聲音影響，可能因為睡眠不足。當兒子功課的字體不美觀我就破口大罵，後來最嚴重時甚至乎試過拿起刀子……」

開始受到抑鬱、幻聽折磨

後來，她渾身疼痛遂往骨科求醫，但醫生也摸不清原因，轉介她到神經外科。醫生了解婉珍的情況後，懷疑她有嚴重抑鬱問題，建議找專家處理。治療開支所費不菲，幸好婉珍獲得妹妹在財政上支持；加上私家醫生願意減價數百元，經一輪治療後情況有所好轉，後來再獲轉介往政府醫院治療，差不多復元了。

二零一零年，牽動港人情緒的**菲律賓挾持人質事件**一夜間再次把婉珍打垮，因為事件勾起了她悲涼的回憶。大兒子生前最後一次回家，在中午時陪伴弟弟在公園玩，晚上三口子歡歡喜喜地聚首吃晚飯。「當晚

大仔好開心，離開時我着他多回家吃飯。」而挾持人質事件中，旅客本來快要登機回港，怎料在行程最後一站遇上不測，令她聯想到好端端的大兒子忽然輕生。

婉珍頃刻感到人生無常，開始受到幻聽折磨：「我不停聽到有人叫我去死，不停聽到有人說我沒用。」

大兒子生前的生活片段，久不久在婉珍腦海中浮現。大兒子曾經說：「你若把照顧弟弟的心力十分之一給我，我的路會截然不同。」每當婉珍對小兒子好一點，不自覺地對大兒子感愧疚。

菲律賓挾持人質事件

於二零一零年八月二十三日在馬尼拉發生，一名被革職的菲律賓警官持槍脅持一輛載滿港人的旅遊巴士，迫令警方恢復其職位。綁匪與當局對峙近十小時，電視台一度中斷原訂節目，現場直播事發經過，捕捉了連串開槍畫面。由於談判不果，警方營救無效，最終悲劇收場。全團二十一名港人，八人遇害，多人受傷。傳媒廣泛報導牽動港人的情緒，不少組織設立公眾心理輔導熱線。

大兒子曾說小時候離家出走後，會溜到一個足球場等待媽媽找他，可是每次都失望。婉珍一直擺脫不掉心裏那份虧欠感，沒責怪前夫，反倒自責：「我覺得好心噏，原來錯過了很多，對大兒子未盡責任，整天都專注在丈夫的問題上。當時我應該不理會其債務而專心照顧兒子，結果我把兩樣東西調轉了。」

藝術治療陶造一顆新心

縱使回不了過去，但仍可積極向前行。婉珍踏出了第一步，參加先前提及的藝術治療班。在課堂中老師說陶瓷與處世法則相似，一時教人分不清究竟雙手在塑造一隻泥杯，還是泥杯在陶造一顆新心。

「導師都幾嚴格，說不可不停地搓弄泥土；要懂得放手，不可把作品搓得太薄，差不多完成時把裝飾物放在作品上。製作時間不能太長，若揮發了太多水分，把作品放入窰以一千度高溫燒後會裂開。所以製作前要先想好造什麼。」

導師對婉珍說，世上沒有東西是十全十美，所有東西都有瑕疵，無論是陶瓷、繪畫或人生。有時覺得作品有缺陷，但燒了出來後可能情況不是太差。

導師又說作品一日未完成，一日都不知道結果。若使用未有人試過的手法製作，有機會創造出與別不同的東西。這和人生一樣，萬事行了第一步自然有第二步。就算製成品不完美，當發現自己有能力完成也會感到滿足。婉珍明白這和大兒子的往事也是同一道理。

不斷滴汗、手臂發疫，婉珍在過程中重新得到生存的燃料。製作陶瓷時，動手之餘也須動腦，絕非機械式運作。生命中的瑕疵就像麥兜的胎記一樣，可由一個轉念變成獨一無二的藝術設計。婉珍說自己過去很執著，過分相信單憑己力可帶來改變。「回望自己的人生，如果懂得及早放手，今時今日可能不一樣了。」

對匠人來說，頭號大敵是執意而行。在《庖丁解牛》的故事裏，庖丁順着牛隻自然的肌理切割，從不硬撼，只從大骨頭之間的縫隙運刀。所以，牛刀用了十九個寒暑，宰殺超過幾千頭牛，刀刃依然像剛剛給石頭磨過般鋒利。

接受治療後有新應對方法

婉珍在教養兒子時也遇上阻力。小兒子升讀高小後無心向學，離開家門往往只在校園附近徘徊。就算乖乖進入學校，不是欠交功課就是跟老師對着幹。接受藝術治療後，面對大堆棘手問題時，婉珍有新的應對方法：

首先，採用另一框架審視問題。婉珍形容，從前小兒子是隻吱喳活躍亂跳的小鳥，現在就是隻被折了翼、受了驚恐的小鳥。他愈來愈反叛，反映內心有諸多糾結。「他的問題不易解決，因為已經太深了；內心又太多結，自己又綁得太緊，對人缺乏信心……」

第二，是調節期望。婉珍說兒子升中不久改讀職業培訓課程，自此成長了很多。「他已非可由我操縱，不再是我可搓圓撳扁的泥土；他有自己的思想，不認同我的說話是關心，只覺得我煩擾他，勉強說下去只會抗拒。若非危險的事就由他自己決定吧！」但自決並不等於沒節制。小兒子怕靜，在家裏不時開着電視機。婉珍設下規條，使用電腦時要關掉電視。

第三，是諒解人的軟弱。婉珍說小兒子曾表示想去遊戲機中心玩，當時除了憂心他學壞外，也欣賞他的坦白。「他很有趣，很多青年只會隱瞞父母偷偷去打機，並不會詢問家長。」

替人打掃家居，如挪去人家心裏包袱

婉珍在人生中努力邁出一步又一步，步履雖小卻天天前行。她規定自己每天至少逛街一次，就算是兜個小圈買點餸菜也好，每天碰碰人氣才可避免自我封閉，以防情緒病進一步惡化。

兒子升中前她想儲一筆錢應付開支，所以當上家務助理，逢星期一至六每天工作三小時。她的表現深受僱主青睞，一個又一個僱主先後把她介紹給友人。婉珍沒有輕視這份普通的基層工作，帶着幫助人的心態上班。她表示，替人掃走家裏的塵埃等同挪去人家心裏的包袱，曉得自己的工作充滿意義。

「雖然每次收工都很累，但覺得好開心，原來我都有能力幫人。雖然我的家務助理工作是收費的，但幫助人減少生活顧累就很有滿足感，不會覺得自己無用。以往有段時間我充滿挫敗感，面對小兒子的問題覺得自己失敗無能、對世界無貢獻，不過今天不同了。」

當她立志當「負傷的治療者」（wounded healer）後，人生大大不同了。只要對方肯聆聽，婉珍毫不介意分享自己的生命故事。「自己經歷多，當聽到其他人呻心裏的問題，我便分享自己的人生，讓對方知道所身處的境況也不算是太苦。」

透過分享經歷，婉珍感到自己的傷口被療癒。「自己經歷多可以鼓勵人。其實你哋唔係咁慘，可以捱得過的。」她勉勵失意的人不要放棄，多難走的路也可以跨過。

視幻聽如音樂，和平共處

縱使她積極地生活，昔日的傷痛總難以完全忘記。今天幻聽依然縈繞着婉珍，不過殺傷力經已大減。她表示那聲音不再罵她沒用，亦再沒有叫她去死。她採納醫務社工的建議，把耳畔的嗚嗚聲當作身體一個器官，甚至是音樂，和它好好相處。婉珍也用相仿的積極人生觀，柔和地與小兒子相處：「他縱使面對人生起伏，也有一樣東西比人好，就是還有親人，比被遺棄的孤兒幸福得多。」婉珍發現，自己的杯中時常餘下半杯水。

婉珍的生命告訴我們：容許生命中有瑕疵，可痛而不苦。

尋家媽媽

「好開心，有間屋舒舒服服地居住，一門閂緊。」

稱呼：素婷

年齡：四十至五十歲

職業：家庭主婦，育有一女

突破點：喪偶

夢想／特長：心無雜念地照顧女兒

生命特質：開朗、隨遇而安

真正安穩的家
超越物質限制

我曾閱讀一本童書，名叫《地球的禱告》（*Grandad's Prayers Of The Earth*）。故事裏的小男生十分喜歡拖着爺爺的手走進森林。和藹的爺爺告訴孫兒一個秘密，只要盡力展現生命最美好的一面，便是一種禱告。

「當樹木朝天空伸展，是一種禱告；
當花朵兒吐露香氣，是一種禱告；
當小石頭靜止沉默，是一種禱告；
當青草隨着微風搖擺手臂，是一種禱告。」

誰曾想像一塊石頭、一朵野花、一條青草也曉得禱告？這本童書提醒了我，切勿輕視大地上的萬事萬物，看似微不足道的東西也流露一點點神聖。同樣地，以下這位受訪者也微不足道，只想一心一意照顧好自己的孩子。

喪偶是人生最大痛楚

素婷的口才並不了得，每當問她一個問題，預期她會提供長篇幅的答案，她卻把話修得簡短。有時她甚至答得斷斷續續，連自己也不禁自嘲：「唔識答，我好蠢……」她很愛笑，不時笑容可掬，邊說自己「好蠢」、邊抿嘴而笑。

但當談到感情問題，她不願多說。

我：「你如何形容和丈夫的關係？」

素婷：「幾好。」

我：「有幾好？」

素婷：「有講有笑，對我好，關心錫我。」

我：「有例子嗎？」

素婷（笑）：「不用說這些嘛。」

我（有點無奈）：「和丈夫之間的事還有補充嗎？」

素婷：「沒有。」

只想用心照顧女兒，一定要養大她

她人生最重要的人已經不在了。十年前，素婷由珠海嫁來香港，不久誕下了女兒紫恩。可惜囡囡半歲大時，爸爸證實患上鼻咽癌，熬了年半後撒手人寰。受訪時女兒十歲，在媽媽眼中是個又乖又聽話的小孩。她是母親生命的中心，間接撫平了其喪偶之痛。

我：「丈夫過身後情緒會否低落，令你走不出來？」

素婷：「無，無，只想一心照顧女兒，一定要養大她。不想其他事情了，覺得讓她長大就幸福。」

單純的心願孕育出一顆匠心。素婷心無雜念，認定了養育女兒是值得天天上心和花時間。素婷的人生經歷不算太複雜，以下我嘗試用四個「家」的比喻，按其人生階段和際遇，逐步講述她的生命故事：

成長的家──素婷少女時代的原生家庭；

短暫的家──婚姻促使她嫁到異鄉，喪偶把她扯進單親處境；

教會的家──信仰令母女碰見轉機，重寫「家」的定義；

新的住家──上樓告別飄泊。

在成長的家，孕育照料人的能力

素婷生於內地，有三個姐姐及一個弟弟。她的父母是農民，除耕田外偶爾會到河邊撈魚，還會養豬幫補家計。兩位大姐姐成長時吃過苦，其餘三姐弟包括素婷都未曾捱苦，素婷更獲父母供書教學。倒是她對讀書的興趣不大，沒報考升中試，完成小學就在家裏分擔煮飯、洗衫等家務。

直至二十多歲，她離開老家珠海，到毗連中山一所電子零件廠打工，一幹七年多。由於她熟悉廠內每個工序，獲晉升為品質監測一職，負責確保產品品質。期間她只轉過一次工，往另一間廠房尋求更佳待遇。後來，素婷住在中山的姐姐嫁了港人丈夫，誕下兩名未獲居留權的小女孩。姐姐往香港生活，留下兩名小孩給她在內地照顧。為了照顧小侄女，素婷只好辭工。

至二零零一年夏天，侄女們到香港與母親團聚，素婷遂返回家鄉在弟弟開設的凍肉小店當售貨員。這些年間，素婷當過全職照顧者，亦累積了豐富的工作經驗。

在短暫的家，學習在逆境中堅強

不久姐姐邀請她一同旅遊，在旅途上遇上了意中人。他是姐姐在香港的鄰居，住在狹小的套房。姐姐說他人品不錯，比她年長約十年，半夜當技工。回鄉後，素婷繼續跟他用電話傳情，兩人傾得投契。

「當年他間中致電給我，但長途電話貴，一分鐘收費十元，每星期約通電話兩三次。」訪問時素婷說。

當時男的一方隱晦地問：「你鍾唔鍾意香港呀？」

素婷笑盈盈地答：「鍾意。」

大家已踏入適婚年齡，既然兩情相悅便拉埋天窗，旋即誕下女兒。當時素婷未成為本地永久居民，手持一紙雙程證，每三個月要回內地續期。女兒仍牙牙學語，癌症卻突然搶走了她的爸爸，三口子的家庭生活十分短暫。

素婷說女兒自小很懂事，是老師的好幫手，媽媽對她沒半句批評。「她從小都不會要你亂花一分一毫。」女兒像超市廣告所說的「精明眼」，買東西前會先看看價錢，買零食時只選擇有買一送一優惠的種類，就算取獎勵也不願媽媽多花幾塊錢：「可能她曉得自己母親賺錢不多吧？」

在教會的家，找到心靈歸屬

談到教導女兒，素婷遂分享教會生活。她說女兒成績不俗，中文和數學尤其突出，往往考獲九十分以上，可是英文科不太理想，小一時成績尚算勉強，到小二時不及格。素婷試過花錢送她上補習社，但一年過後依然沒有進步。

女兒同學的媽媽給她介紹認識一所救世軍教會，招聚了一班區內名校中學生，免費為基層學童提供功課輔導。訪問時，素婷和女兒在這所教會聚會已經有三年多，幾乎每天都到教會聚會或服務。

女兒由初時頭耷耷兼沉默寡言，漸漸變得愈來愈開朗，成績突飛猛進，後來被編入精英班。她十分嚮往教會生活，逢週末早上八時半回到教會，參加少年軍隊操及少年詩班培訓。

素婷沒有資源去栽培訓女兒，只能擔任她的**時間友人**（timeful friend）。她的家庭銀根緊絀，只好花時間陪伴女兒。只要讓女兒學好，

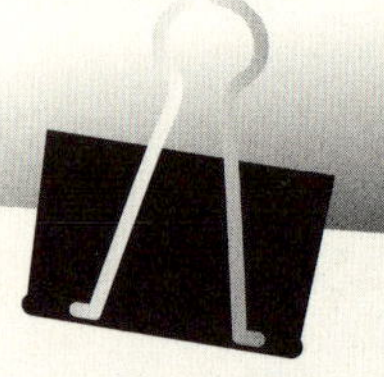

時間友人

由美國神學家侯活士（Stanley Hauerwas）提出，用以解讀L'Arche──法國一個倡議與智障人士一起生活的志願組織的故事。他認為，花時間關顧智障人士可提升他們的自理能力。侯活士引述L'Arche創辦人一番話：「一個社羣是由一羣每天彼此關顧的人所組成，人們每次舉手投足、每次捨己服侍，彷彿在吐露一聲『我愛你』和『我很高興與你一起』。」

對於智力正常的兒童，若家長願意花長時間陪伴，對子女的成長發展幫助更明顯。不過，很多家長只着重為孩子「做點實事」（to do for），而忽略花時間和他們「一起生活」（to live with）。

媽媽便時刻相隨。「我一生為了個女，去邊度都會照顧她。」兩人關係密切，很多時一起走路、一起搭巴士，建立出深厚感情。「我在茶樓洗碗好辛苦。若女兒學業有成，將來有經濟能力，我就不用勞苦了。」素婷把自己的將來交託給女兒，深信她幸福就是自己幸福。

某段日子教會請不到清潔工，素婷就不收分文，清早送囡囡回校後往教會做義工，捲起衣袖清洗廚房和廁所，為房間吸塵抹地。偶爾她會聯同幾位媽媽自掏腰包，為職員炮製足料老火湯；同工有時也老實不客氣，想吃什麼就買材料回來請她發揮廚藝，包括椒鹽蝦、咖喱蟹，好評如潮。

素婷與教會會友彼此接待，互補缺口。她由受助者搖身一變成為施助者，只要在能力範圍內都願意回饋教會。她的湯水既潤澤了同工，也拉近了彼此的距離，凝聚了一個小社羣；另一方面，教會也用真理和基督的愛滋潤了她。「大家好像一家人，在失落時互相慰問。」

在教會中，素婷有一班有講有笑的好姊妹，彼此分享生命故事。這種快樂時光，就像以往跟丈夫一樣溫暖。自教會成為了她新的家後，她已甚少提及「相依為命」或者「單親家庭」等字眼，改以把教會這個大家庭常掛在口邊。在教會生活三年多，素婷儘管在信仰上仍處於探索階段，道理聽得不太明白，詩歌亦未能扣其心弦，祈禱次數亦近乎零，但她清楚曉得教會就是她一個家，毋須以等價交換，彼此化成對方生命中的小禮物。

在新的住家，終於覓得安穩

若論人生最大一份觸得到的禮物，肯定是在受訪前所獲編配的一戶公屋單位。「能在市區生活就像行運，很開心，似中了獎。上天對我很好，失去一些東西後又會得到其他東西。」

獲編配公屋單位，讓素婷在傷痛過後得到更進一步的治癒。過去十年，兩母女一直住在狹小的房間，不是劏房就是套房，住過天台也曾遷入中轉屋。當時家居只有牀位般大小，溫習、吃飯、玩耍都在同一個空間進行，十分鬱悶。至今素婷仍記得當時獲分配公屋的心情：

我：「以前成日搬，你有咩感受？」

素婷：「搬屋很煩，常弄破東西。」

我：「除了煩惱之外呢？」

素婷：「現在不用搬，舒服好多。」

我：「間屋對你很重要？」

素婷：「對，好開心，有間屋舒舒服服地居住，一門生根。」

我：「一門生根？」

素婷：「哈哈，是一門生根。」

我：「是生關吧？你這是珠海還是潮州話？」

素婷：「即是一個門口，內裏什麼東西都是自己。」

我：「不明白，你試試寫出來？」

素婷：「緊字如何寫？」

我：「你是說一門閂緊！」

素婷：「對。是自己的獨立屋，不用和人共用門口。」

相比本書其他媽媽，素婷的生命道路相對簡單。對她來說，不用跟陌生人共用一個大門，已倍添很大安全感。不過，最重要還是背後超越物質的「家」，讓她的心靈感到滿足。素婷說女兒很感激媽媽的照顧，訂下目標考入全級前十名以報答媽媽的辛勞。

素婷的生命告訴我們：真正安穩的家超越物質限制。

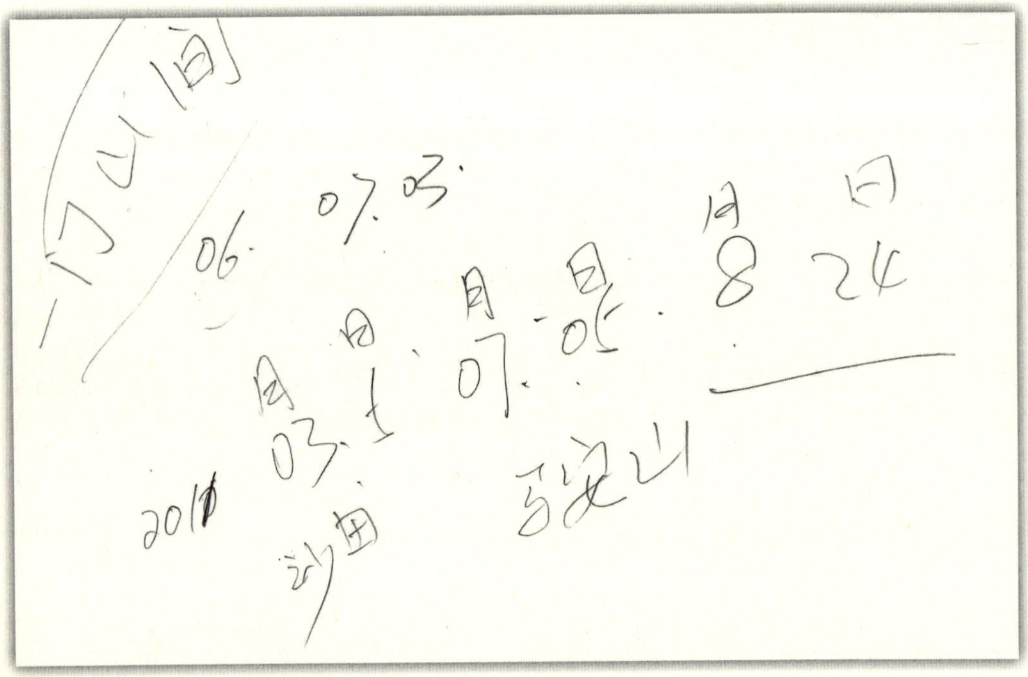

■ 素婷牢牢記得每個揼樓的日子，她嘗試在紙上寫出「一門閂緊」四字。

■ 素婷登上救世軍一份刊物的封面。

心足媽媽

「七分快樂都好，邊有人有十足十快樂？」

稱呼：淑貞

年齡：六十以上

職業：家庭主婦，育有一子一女

突破點：丈夫失蹤

夢想／特長：欣賞別人

生命特質：善良、寬宏大量、不離不棄

寬恕，才能帶來
真正的滿足

一次巧合，撿回了一家人的生命。

颱風來勢洶洶，大雨如注而下，山泥衝着淑貞的房子傾瀉下來。若不是父親碰巧休更，在意外中一手撐起橫樑，全家早被活埋了。九月二日，五兄弟姊妹幸運地生還，媽媽也只是給一口釘輕輕劃傷頭顱。這場災難性的風災令上一代人難忘——就是一九六二年襲港的**溫黛**。淑貞當時九歲，在風暴中倖存下來。

受訪時淑貞已踏入耳順之年，一星期三天前往老人院探望九十五歲中了風的奶奶，她心裏常牽掛這位老人家。丈夫失蹤後，奶奶仍向她不住嘘寒問暖，並沒有袒護不盡責的兒子。

溫黛

是第二次世界大戰後侵襲香港的最強颱風，襲港時天文台錄得最高陣風為每小時二百五十九公里。它在香港東北面引起風暴潮，造成嚴重傷亡。是次風災引致一百八十多人死、三百八十八人受傷，另外近百人失蹤。

一手扛起了家庭的橫樑

昔日淑貞父親一手撐起橫樑救回一家，父親這英勇形象對淑貞影響很大。可惜她的丈夫卻未能保護家人，反而自己當上了英雄擔起家庭的「橫樑」。

「我覺得奶奶好公道，沒有偏袒丈夫，就算她中了風我也不捨得離開她。如果有時間，一星期最少去探她兩至三次，若不去心裏會不舒服。探她時通常會扶她坐坐、談談天，有助保持她的心肺功能。」淑貞說。

丈夫是淑貞的初戀情人，也是唯一的情人。當年淑貞十六歲，比對方年輕一年，兩人在新蒲崗一所電子廠工作時邂逅。那些年他倆以禮相待，肌膚不會貼得太近，約會總在十時半前回家，一至兩星期才逛一次街。至兩人拍拖十載，家人提醒他們是時候結婚。

淑貞的父親是華籍英軍，退役後獲得一筆退休金；加上祖傳中醫醫術，在晚年辦了一所藥材舖。他對付痔瘡最拿手，有闊太專誠駕車過海向他求助。每當過年過節，收到很多藍罐曲奇等賀禮，放在店子中一盒疊一盒足足有大半個人的高度。

淑貞渴望讀書，儘管闖不過升中試，父親仍願意支持她，至中二才輟學。淑貞牢牢記得在她十五歲那年的三月七日開始上班，也同時開始讀夜校。往日香港工業興旺不愁沒工開，抵住了晚上加班的誘惑在下班後上學。她不追趕潮流，不穿喇叭褲和鬆糕鞋，專心工作和讀書。

一直都覺得她怪怪，不會主動和人玩

婚後她渴望生兒育女，但一再遇到挫折，只好往家計會檢查。七年後好不容易懷了孕，得悉好消息後即時辭退打字文員一職，一心一意好好安胎。事實上，女兒的名字有一個「寶」字，寓意如珠如寶。這位小寶寶十分精靈，長大後想像力豐富，語言能力較同齡高，看見花就哼花兒歌，見洋娃娃就唱娃娃歌。可是女兒很特別，時而自言自語甚少跟別人有眼神接觸。

「一直都覺得她怪怪的，既不會主動與人玩，上堂又不望老師，但她似乎聆聽你說話。你向她講故事，她聽後可向你清楚地複述一遍。」淑貞的丈夫曾說，女兒不是天才就是白痴。

當年playgroup仍未流行，淑貞安排女兒在兩歲時入學，鼓勵她多與外界交流，以抓緊治療的時間。除了接受政府的兒童保健外，淑貞也自

掏腰包給女兒看私家兒童心理醫生及教育心理學家。專家一致認為女兒智力並無不妥，只是社交力弱一點。

但幼稚園的老師漸漸覺得她和正常孩子不同，遂把她撥入特殊學童類別。升上小學後，她的成績中規中矩，但行為時常嚇人一跳。有次在班際歌唱比賽中，忽然在台上即興做出連串突兀動作，開了全班同學一個玩笑，讓大家非常慌張。後來冠軍獎盃被對手奪走了。

老師覺得淑貞隱瞞女兒的情況，終於忍不住詢問她：「你個女有無事，大家心知肚明。」淑貞曾一連多天帶女兒留院檢查，大堆報告也無法說明她的問題。直至她在小五接受兒童保健檢查時，醫生終於破解謎團，證實她患上亞氏保加症。

弟弟讀幼稚園時，某天疑似吐血

這段時間家庭的變化很大，有喜有悲：喜的，是女兒出生四年後又生了一個兒子小禧；悲的，是丈夫出了問題。從前丈夫很會搞氣氛，有他的時候便有歡笑。他在工廠晉升至「科文」及主管，具領導才能，但一九九七年後，本地工廠大舉北移，他拿了遣散費轉行駕的士。淑貞的丈夫深得外家親戚信任，除了自己供一部的士，也獲家人合資多供一部。可惜後來他投資澳門博彩業，自此夜深不歸，有時一連兩晚不回家，對家人態度愈來愈囂張。

弟弟讀幼稚園時，某天疑似吐血，送往醫院檢查又未能找到原因，醫生懷疑與淑貞的家庭變化有關。以往爸爸駕駛的士接送弟弟，弟弟放學時望窗子發覺熟悉的身影再沒出現。「兒子日日向窗外望，只管和老師說掛念爸爸，叫老師教他寫『我好掛住爸爸，好想爸爸帶我去……』等字句。」淑貞憶述。

偶爾爸爸會回覆淑貞的電話，也會見見子女，可是有時無故爽約，叫母子倆在巴士站呆站半天。小禧五歲時有次等慌了，拔腿狂奔跑往一個爸爸曾經牽他玩耍的公園。

一家四口團聚時，兒子不發一言，常一手拖着爸爸、一手拖着媽媽，然後把他們的手拉在一起，一隻疊在一隻上面。丈夫告訴兒子：「爸爸對不起媽媽，沒資格拖她的手。」

丈夫忽然回家說：「要跳樓了！」

十年間一家人很少見面。某天丈夫忽然回家，一開口就結結巴巴，亂了方寸的大喊拖欠人二十五萬，說馬上要跳樓。大家見狀嚇呆了，儘管丈夫保證清還債務後會重新做人，淑貞沒有工作近十年，根本難以代他償還巨款。

最後，淑貞的大家姐出手相助，多年後她和淑貞說：「我知道你的丈夫不會回頭，當年你向我說：『家姐請你幫助他，他說自己會死。』我很擔心你也有事，你的子女還年幼，怕你帶他們去跳樓。我借給你那二十五萬元就當我買個安心吧。如果你的丈夫還不回頭，你可以死心了。請你珍惜自己和子女的生命，要知道我們愛錫你啊！」

淑貞返回娘家居住。某天丈夫突然出現，說會用三星期證明自己決心改過，努力駕駛的士供養家人。首兩星期他把工資悉數交給淑貞，詎料繳付的士租金後又杳無音訊，令淑貞痛苦得很。

別想太多，帶子女吃聖誕大餐吧

淑貞當時住在公屋，附近有社會福利署，直覺告訴她那是一處能幫助她的地方。職員接見她後提出了一個陌生的詞彙——綜援。淑貞謝絕了職員的好意，說自己銀包還有三百元。職員只好給她開了檔案，往後每星期約見她一次。一個月後，淑貞財政開始出現問題，職員馬上協助她申請綜援，拜託主任辦理急件，並即時給她一個裝了現金的紙袋說：

「別想太多了，你帶子女去吃聖誕大餐吧。」「當時美心、超羣餐廳價錢便宜，一個大餐售數十元，有兩片火雞。」淑貞憶述。

淑貞沒有告知丈夫領取綜援，盼望他可憐她與子女，早點回家，然而她的希望一再幻滅，終於提出離婚。淑貞回想那一幕，眼淚仍未抹乾。「你要記住，和你離婚不是因為嫌你窮，而是因為你不負責任，我不可以和你一起生活了。」法庭上丈夫不斷震顫，法官宣告：「丈夫患了柏金遜，故此無法支付贍養費。」

淑貞說已無怨無恨，對於他前夫卻有如此評價：「柏金遜症是頭腦的病。由於腦裏缺乏了一種東西，影響平衡力導致腳震。不知道是否這個病令他忽然迷失，社工說也有這個可能，我就用這個原因原諒了他。」

好學生在廁格縱火

從前呆呆望窗等候爸爸的小豆釘，現在已長得雄赳赳。弟弟在中五時，在校園廁格中燒報紙。這位受人喜愛的好學生為何如此？老師大惑不解，但學校不但沒有責罰他，還資助他看心理醫生。

醫生知道他成績不俗，勉勵他繼續用功讀書，日後考上大學後自然大開眼界，生命也會改變。兒子當時不以為然，反駁說人生有些東西永遠無法扭轉。究竟他認為有什麼無法扭轉呢？兒子說了四個字──「家庭生活」，淑貞聽後當場心碎。

她不禁心裏詰問：我當初不該離婚嗎？這樣子，孩子就毋須在單親家庭成長。我領取綜援，是否令兒子覺得羞恥？醫生向淑貞解釋，兒子的抑鬱問題並非無迹可尋，自小他很怕做錯事，可能以為自己曾經犯錯而令到爸爸媽媽分開。

但這時候，兒子的人生出現了一位小天使。他開始和同班同學拍拖，老師知道後叫媽媽切勿立即打壓，他倆都是乖學生，先小心觀察。會考那年兩人一起努力讀書，同樣取得二十三分高分。縱使老師不鼓勵中學生談戀愛，但也異口同聲說，這位好朋友為這男孩的人生帶來鼓舞。

原來你這麼辛苦，為何不告訴我？

但好景不常，弟弟升上預科後抑鬱情況愈演愈烈，時而恍恍惚惚。他開始沉迷打機，不斷在電玩世界自我麻醉，後來無心向學，終在高考中觸礁。他遂報讀副學士，糊糊塗塗挑選了心理學。

開學不過一個月後，某天他沒有上課，回到家在媽媽面前跪下說自己無法繼續學業，因為讀書壓力太大令他經常反胃作嘔。淑貞上前抱着他安慰說：「原來你這麼辛苦，為何不說我聽？你辛苦要說出來啊！」

訪問來到這裏，話題又回到姊姊身上。家庭面對連番衝擊，姊姊相對較輕鬆地渡過。她在主流中學就讀，考了兩次會考同樣只得六分。她喜歡藝術，畢業後在香港專業教育學院修讀設計。小時候媽媽培養她的繪畫興趣，多給她一條渠道表達內心世界；長大後變得勇敢、不怕挑戰，遇上繪畫比賽總不會放過機會。幾年前，她參加一個由香港大學醫學院、醫管局及明愛機構合辦的思覺失調患者漫畫比賽，獲得最感人故事獎。

訪問前一兩年，她畫了一幅四格漫畫參加香港青年協會舉辦的「青年不賭」比賽，宣揚遠離賭博訊息，得了公開組冠軍。媽媽笑說，大抵沒有人參加女兒才有機會勝出，其實是次比賽有數千人參加。

媽媽十分開心，因獎項證明了女兒有能力跟外界溝通：「可能她還有童心吧，作品表達了青年的心態。她是個勇敢和有自信的好學生，我好欣賞她的努力和堅持。縱使她天分不算高，但對身邊事物有興趣，時常花三至五小時專心創作。」媽媽這樣大讚女兒。

她竟瞄準了紀律部隊工作

姊姊曉得媽媽辛苦，渴望早日尋覓一份穩定工作。她打過幾份散工，包括場地佈置員以及文化導遊，但每份都是短期合約工作。她完成了香港專業教育學院和毅進課程後，竟瞄準了紀律部隊工作。媽媽擔心她不懂細察別人的眉頭眼額，企圖勸阻。負責跟進她個案的麥醫生鼓勵說：「我好欣賞你，但政府工不是只有紀律部隊吧，醫院也有聘請文員啊。」

姊姊始終深深不忿，堅持寄出應徵信，很快獲安排考核體能。她完成毅進文憑課程已擁有基本學歷，體能也僅僅及格，但警官和她會面時說：「若五十分及格，你要取得八十分才遊刃有餘，否則工作時很易出意外。」她聽後順服了，二十六歲時往職業訓練局修讀展亮技能發展中心的相關課程。

「我覺得女兒若非有障礙，也不會如此積極進取。她知道自己社交力差，就積極和人說話。她言之有物，但可能不懂看別人反應，有時令人覺得有點煩。社工鼓勵她嘗試找一所壓力不太大，同事有愛心並願意接納她的公司，又或擔任後勤性質的工作。」

女兒向淑貞承諾努力工作，說往麥當勞洗碗也願意。治療師一再提醒她毋須着急，寧可多讀點書。淑貞向女兒解釋職業無分貴賤，一定可找到工作。「若將來找到一份適合自己性格，能學以致用的工作不是很高興嗎？」麥醫生也對女兒說：「你知否李安是誰？他失業六年後，終於取得奧斯卡電影金像獎，凡是出色的人都經歷過逆境。」

苦難，讓她遇上許多專業人士

淑貞覺得自己一生遇上很多貴人，尤其過去二十年經歷兒子患抑鬱症、大女患亞氏保加症、丈夫失蹤，她被安置於一個專家系統之中，接二連三遇上許多專業人士，包括社工、律師、醫生、輔導員、治療師以及心理學家。他們先後在淑貞的生命軌迹上留下腳蹤，解開內心一縷一縷纏在一起的糾結。

有關家庭問題，社工說：

「可能丈夫生活穩定、無後顧之憂，抵受不了誘惑。此外，他可能想搏殺賺多些錢醫治女兒，給她更好的生活。」

有關婚外情疑慮，另一社工說：

「聽你說丈夫本質也不錯，只是有點貪心。他愛錫兒女，又不曾和你大吵大鬧。你懷疑他但找不到證據，所以不要想太多了。縱然感情有

變，他一直也很尊重你啊。」

就女兒患亞氏保加症，輔導員說：

「如果她不是有如此症狀，都未必會緊貼你一起生活，或許會天天煲電話粥和拍拖，令你有其他煩惱呢！」

就兒子患抑鬱症，心理學家說：

「你告訴兒子，若他想見我隨時都可以。不過請你提醒他，有事要主動回醫院覆診，自行停藥一定會出問題，萬一出事要報警或者call白車求助。」

終於找到丈夫悔過的心

今天淑貞的丈夫已不再躲藏，願意和子女見面，家人也可隨時找到他。淑貞間中自忖，認為丈夫迷失或跟柏金遜症蠶食腦袋有關，相信是一種叫「錳」的金屬促成他患上這病。

淑貞憶述丈夫往日在電子工廠工作期間，放工時總要拿鮑魚刷擦啊擦，清除指甲一層層黑壓壓的錳。但這都是臆測，她有生之年都不會找到真相。不是丈夫矢口不認，而是對方已無法記起了。

淑貞說，就算別人錯了，自己也要有原諒別人的心，況且自己也不是聖人。「just forgiving」需要有一點公義元素，後來她找到了丈夫悔過的心。有次，丈夫瘋瘋癲癲喊着：「發達啦發達啦，有錢還給你家人了。」她知道丈夫心內仍有愧疚。他在媽媽面前也不推卸責任，倒怪自己當初不懂珍惜太太。

淑貞引用《聖經》故事，說誰人未曾犯錯，敢先向罪人擲頭一塊石？丈夫的出走和變壞對她打擊很大，要她母兼父職，但最後還是原諒了丈夫，用愛廢掉了冤仇。

「我和他分開就分開，離婚就離婚，完全沒有拖泥帶水。他是子女的父親。我曾想過，若兒子和爸爸一起生活會否好一點呢？如果他想和爸爸生活，我會否和他復合呢？和他一起生活是否等如再做夫妻？我想未必了，很多外國夫婦年老了都分開牀瞓。」

最具挑戰性的，莫過於一起受浸

對淑貞最具挑戰性的事，莫過於和丈夫一起受浸。自從兒子高中抑鬱病發後，淑貞開始對兒子的信仰感到好奇，隻身闖入教會參加崇拜。之後，她和丈夫在同一間教會聚會。淑貞聽道後，懂得用另一種眼光思考人生。若沒有信仰，她可能自我禁錮在一個苦難者的困境──活得如此淒涼，該是上天懲罰我吧？

兩人受浸當日親朋都前來觀禮，丈夫卻顫抖起來。淑貞的姊弟妹，幾乎無一沒因着他蒙受過金錢損失：的士沒了、樓也抵押了，二十五萬支票也永不退回。他們憎恨這個姐夫，對他心惡痛絕，指責他丟低孩子一走了之，害得三口子領取綜援度日。

「夾餸畀爸爸啦。」水禮後舅母在席間向淑貞的孩子說。淑貞和丈夫受浸那天，大部分家人都來見證，並且和他同檯食飯。

兩人縱使不再是夫妻，卻是弟兄姊妹，兩人關係昇華了。雖然大家沒有住在同一屋簷下，但為了子女，淑貞還是會邀請他回家吃飯。有些教友未必明白，但牧師說不打緊，因為「天父知道就可以了」。

一至十分，囡囡你有幾開心？

淑貞信主後不住祈禱。「如果我走出你的範圍，求你用慈繩愛索勒住我。」她也為家人以及朋友祈求，呼求神讓奶奶別有痛苦的感覺；盼望丈夫被原諒，因他所作的他不知道；盼望弟弟身心靈健康，將來成為馨香的器皿。就算是那位後來和兒子分了手的小女生，淑貞也在禱告中默默祝福她。

至於女兒呢？淑貞當然不會遺漏。除了為她祈禱外，淑貞久不久會學醫生詢問女兒，以一至十分評價當下的開心程度。「七分快樂都好，邊有人有十足十快樂？」這是淑貞自己的答案。

淑貞的生命告訴我們：寬恕，才能帶來真正的滿足。

■ 兒子也有藝術天分，淑貞小心翼翼取出他高小時造的豬仔錢罌，包了一層又一層報紙。

香港青年協會　青年全健中心
The Hong Kong Federation of Youth Groups Youth Wellness Centre 主辦

鳴謝 平和基金 平和基金資助計劃

親情不「賭」——
青少年預防賭博教育漫畫創作比賽

心聲表達

Osman	崇	尚	物	質	，	便	赴	澳	門
贏	錢	；	竟	然	，	他	親	財	盡
失	；	為	了	戒	賭	，	他	便	徵
詢	社	工	；	往	後	，	他	便	努
力	學	習	和	與	家	人	融	洽	。

(50字為限，標點符號包括在內)

■ 女兒參加「青年不賭」比賽的得獎作品。

Chapter 3｜姊妹站起來，携手撐起半邊天

經歷風風雨雨，媽媽的身體和心靈都經歷過千錘百鍊。隨着子女日漸長大，媽媽們可振臂一呼積極地參與社會行動，以匠心精神回饋大眾，讓社會得到適切的照料。

護理媽媽

「我個花名叫蘋果，想院友容易記得我——日日一蘋果，醫生遠離我。」

稱呼：蘋果

年齡：四十五至五十五歲

職業：家庭主婦，育有一子

突破點：患甲狀腺癌後康復

夢想／特長：用生命去服務他人，
分享健康資訊讓親友健康長壽

生命特質：好奇、好學、好鄰舍

相信夢想，
堅持在願景邊緣徘徊

遊行隊伍中，一羣婦女吸引了我的眼睛。

她們每人用單手托着一個發泡膠碗，碗蓋上平放了一條又長又扁的生枝竹。這明顯是個道具，箇中的意思是什麼？我厚着臉皮上前找其中一位婦女問個究竟。她說：「窮人半碗粥，富人唔知足。」行近一看，發泡膠碗內真的盛了半碗粥，壓在上面的枝竹，就是「知足」的諧音。這班婦女正在爭取最低工資立法（二零一一年《最低工資條例》正式實施）。

我繼續和那位女士傾談。起初她對我這個來歷不明的人不無戒心，曉得我（認識她的時候）仍是學生才鬆懈下來。儘管在往後一句鐘的對話裏，我偶爾仍聽到她說：「都唔知你是否記者。」

兒時夢想是成為診所護士

她叫蘋果，首次見面經已教人印象難忘。蘋果兒時的夢想是成為診所護士，礙於家境清貧，中四時學業畫上句號。她的夢想沒有因為學歷不足而幻滅，不時前往醫院的圖書館當義工，除了可以讓自己吸收多一點健康知識，還可取一些小冊子轉贈友人。直到現在她仍然酷愛涉獵營養保健的知識，閒時會寫信把相關資訊轉告友人：

七月三十日

聖體會會長告訴我們這班會員，她患了急性腎衰竭，加上急性糖尿，內臟已嚴重受損，現正留院。有些好心的教友，探望她時買了一些手信。她忍不住口吃出禍來，令糖尿指標急升，後來有一隻眼瞎了。我聽後吃驚兼搖頭，如果她早知道多一點醫學常識並肯戒口，可能不會瞎眼。

我媽媽也有腎病，屬初期，我告訴她少吃鹹的東西。腎病病人特徵是腳腫，這種腫是脹卜卜的，如果你認識老人家有腳腫，最好勸他們少吃鹹品和醃製品。

你也應少吃肉和鹹品，因為酸性食品會影響血的濃度。長期食用鹹品會影響肝、膽，所以我絕少食蠔油，不吃醃物。

假如你碰巧遇上蘋果，請別衝口喊「Apple！」她一定不會理睬你，不是她在裝聾，只是她的英文名根本不是「蘋果」的英文翻譯。蘋果之所以叫蘋果，除了跟她真名一個「萍」字有關，背後也蘊藏了一份心意：「我參加了醫院義工服務，給自己起個花名叫蘋果，目的是使院友容易記得我──日日一蘋果，醫生遠離我。」

與木村拓哉有同一份熱忱

她一生在護理夢想邊緣徘徊，令我想起日劇《Engine》。男主角木村拓哉飾演一級方程式賽車手，大結局時，他把整個職業生涯押注在一場比賽，一旦輸了從此不再踏足跑道，結果他戲劇性地輸了。他既沒食言也不放棄，在片末轉而挑戰越野賽車，比賽中車輪陷入泥濘導致死火，弄得雞手鴨腳。在蘋果和木村的角色身上，我感受到同一份熱忱：木村不放棄駕駛，蘋果不放棄護理。

我與蘋果交了朋友，我倆大多以書信往來，她寫給我的信遠遠超過我所回覆的。當時我絲毫未曾想過公開這些信件，更遑論出版。信件一封一封的來，我一字一句地讀。

有心理學家說，人的需求可以分為五大層次，由最底層的「生理」，再提升至「安全」、「隸屬與愛」、「自尊」，以及最高一層的「自我實現」。閱讀蘋果的信，我看到超越「自我實現」以外的一層境界——「公共的善」，竭力委身貢獻社會。

在蘋果的生命昇華之前，她走過了一段不一樣的人生路。她是一位單親媽媽，而且她唯一的兒子雖然二十多歲，卻因腦部發展遲緩，直到今天不少事仍需母親悉心安排。就讓我們先回到蘋果的年輕歲月。

為供養弟妹，輟學當工廠妹

上文提到蘋果的夢想是當診所護士，但家人催促她及早投身社會，幫補家計。眼見只有爸爸獨力工作供弟妹讀書，蘋果身為大家姐有一份責任感。

八十年代初香港工業發達，蘋果告別校園生活後旋即加入**工廠妹**大軍。她在新蒲崗一間電子廠由低做起，一手捻住錫線，一手握着「辣雞」，把一件件微細的零件焊在電子底板上。她每逢午飯時間返回彩虹的家用膳，飯後又匆匆忙忙的趕回工廠上班。

蘋果的崗位被編排在修理員旁邊，她一邊工作一邊觀察修理員，腦海

工廠妹

五十至八十年代，香港的製造業發展蓬勃，紡織、製衣、塑膠、電子、玩具、鐘錶等工業如日中天，一度成為本地經濟支柱，養活了許多基層家庭。當年紅極一時的影星陳寶珠，曾拍攝不少深入民心的女工電影，包括《影迷公主》（飾製衣工人）、《青春玫瑰》（飾眼鏡工人）及《郎如春日風》（飾五金工人）等。在《郎》片中一曲《工廠妹萬歲》捕捉了一代人的聲音。這首歌的歌詞十分有趣，其中幾句是這樣的：

奉勸飛女，儘快改過，學吓工廠少女。
工廠妹真快活，所有麻煩盡除。
啲飛女學懶兼貪靚，食宿靠滾去維持。
學吓工廠女，食足更豐衣；自立靠雙手，社會好女兒。
工廠妹萬歲——嗨—— 工廠妹萬歲！

當然歌詞有美化之嫌，但也反映當時女工的價值觀。多倫多大學（University of Toronto）社會學家Janet Salaff曾用「工作女兒」（working daughters）一詞形容香港當時的工廠妹，指女生——尤以長女為甚——不少都要為家庭作出犧牲，放棄學業投身職場協助父母供養年幼弟妹。

在工廠打工是不少人的集體回憶，甚至連小朋友放學後亦會在家中「穿膠花」幫補家計。但七十年代末，隨着香港的人力和土地成本上漲，加上中國經濟實行改革開放後提供大量廉價勞工，吸引本地工廠大舉北移，令香港製造業逐漸式微。

忽然冒起一個嶄新的念頭：「如果我有文憑就不用被人支配了。」這個意念一生，鞭策她報讀電子課程，以函授模式──即通過郵遞送出學習材料在家自修。熬了兩年後，獲頒一紙證書，被工廠晉升為品質檢查員。

工廠除了焊接了蘋果的事業，還接上她的感情線。那個時代的工廠發生不少愛情故事，蘋果也曾被兩位工友追求：一位是俗稱「科文」的管工，另一位是她日後的丈夫。前者職級較高，但過不了工廠裏姊妹們的一關，認為他生於大家庭，擔心他親戚愈多、瓜葛多，日後會惹來煩事一籮籮；後者也不討好，蘋果說他缺乏情趣，不曉得哄女仔，逛街、看電影時常打瞌睡。

婚前約法三章

這位男子條件不是太好，要不是多虧蘋果的親妹妹急於出嫁，再加上家人**非得姐姐先嫁不可**的傳統思想作祟，恐怕這椿婚事或增添變數。話雖如此，蘋果也有底牌，以下是對丈夫攤開的三不條約：一，要尊重我，不可以打我；二，不要迫我接受不喜歡的事──我不喜歡人在我面前抽煙，或者迫我飲啤酒。我不介意丈夫飲酒，但滿身酒氣時請暫時遠離我；三，不可對我說粗口。

婚後兩人租住北角唐樓一所房間開展新生活。由於單位內還有其他租客，蘋果避免跟人爭用廁所，往往清晨六時許就掙脫睡意起牀梳洗。單位樓下是間酒樓，附近又安裝了一部大型抽氣扇，令單位內的溫度熱得惱人。大概因為長期睡眠不足，蘋果終於發生意外。

某天她如常前往貨倉執拾貨物，同事一時疏忽忘了關好鐵櫃，她的背脊不慎猛然撞向鐵櫃痛得眼淚直標，撞歪了背腰內的軟骨：「背脊凹了下去，傷口大得放得入一個皮球。」這次工傷牽連甚廣，由於她的腰間疼痛，意外後幾年當她生產兒子時要借助儀器把寶寶吸出來。

非得姐姐先嫁不可

當年，香港家庭仍然抱持一些有趣的結婚風俗，例如幼女不能「爬頭」出嫁，否則要「捐褲浪」，即在姐姐的褲襠下穿過。我媽媽也曾經歷過這一幕。由於兄長未娶，在出嫁那天娘家大門用衣架掛上一條簇新的褲。不僅新娘，就連所有出入的人都在這條褲襠下經過，禮成後把褲子送給未婚的哥哥。

中式婚禮禁忌一籮籮，傳統上喜宴完畢後不可説再見，否則有再婚之虞。就算天氣酷熱，賓客也不可搧扇子，以免傳達拆散之意。新娘子的襯衣上切忌配上口袋，不然會帶走娘家的財運。中國人視婚姻不僅為人生大事，甚至牽涉整個宗族的傳承問題，所以結婚禮儀格外繁複。現代人就算依循一二，大抵都是只做其事不知其意。

自己患甲狀腺癌，兒子發展遲緩

結婚五年之後，蘋果當上媽媽，事前她作了很多預備，包括儲夠金錢和進行身體檢查。不過，她身懷六甲時，被驗出甲狀腺癌，待產後一年才做手術。因為拖延病情，腫瘤由良性變成惡性。儘管她最終熬過癌症一役，康復後不久又要面對另一個衝擊──兒子仁仔發展遲緩。

甲狀腺素分泌多寡會影響胎兒的智力發展，蘋果相隔多年後才知道這懷孕風險。蘋果產後捨棄有薪工作，當全職媽媽專心撫養兒子。起初安排他入讀一般幼稚園，一年後跟不上進度被校方要求退學。自此兒子進入了另一條軌道──特殊學校。

蘋果沒有氣餒，反而更加投入教導兒子，在學校當義務家長義工。「我們作家長的，不要只把孩子帶到學校上課便算，孩子在校內的品行也要知道，要多用手冊和老師溝通，主動找機會出席學校活動，藉此了解孩子在學校是否合羣。」

英語是兒子學習路上的攔路虎。起初他只會寫大草而不會寫小草，蘋果欣然接受。兒子小一開始後每週有一天要早放一堂，前往救世軍接受言語治療。為提升兒子的讀寫能力，蘋果買了很多圖書給他。「現在我也間中考他書寫自己的英文名，因為名字跟自己一世，一定要學會。」

龍的心，何必有我

一齣電影，令蘋果打消了多生一個子女的念頭。

「我看了《龍的心》，由成龍和洪金寶主演，內容講述父母雙亡後，成龍要照顧洪金寶飾演的弱智哥哥；後來成龍想結婚，但女友介意與弱智人士同住。於是，我和丈夫決定，在有生之年要一心一意照顧仁仔。」

蘋果說仁仔性情溫馴，但十分膽小。他很聽話並樂於助人，在學校很得老師歡心，可是身手不太靈敏。他試過在學校幫嬸嬸收拾東西時，因手不夠力把物件從小掌心滑落，「呯」的一聲摔在地上砸傷了自己的腳趾，弄得小襪子染了一小塊深啡色血迹，感到非常驚慌。

仁仔也不時被人戲弄。蘋果說他害怕多毛的動物，一些奀皮的同學知道後把毛公仔擲向他身上，嚇得他哇哇大叫。仁仔很怕狗，蘋果教他萬一有惡狗逼近，只要站穩腳步別動，狗隻就會走開。不過他很愛貓，巧合地鄭則士在電影**《何必有我》**中所飾演的主角又叫肥貓，她順水推舟用這部電影教導仁仔。「我希望他學習肥貓的進取及敢於學習。」

《何必有我》

一提這套電影就想起鄭則士飾演智障青年時哼唱的歌《世上只有媽媽好》：「世上只有媽媽好，有媽的孩子像個寶。」這場景出自一九八五年的港產片《何必有我》。三十年後重看，可一窺當年香港社會對待弱智人士的態度。此片講述初出茅廬的熱血女社工（鄭文雅飾）前往圍村出差時偶遇智障青年肥貓。肥貓的爸爸早逝，由靠賣豆腐花的媽媽貓媽（焦姣飾）獨力撫養。

貓媽一生不求人，任憑女社工費盡唇舌、花盡腳骨力相勸也不肯接受社署援助。肥貓天性善良，常被村內幾個惡霸欺負，片末一次欺凌事件令全片以悲劇告終……片中肥貓的對白大部分都十分似麥兜，例如他和村裏的小孩關係要好，有天一起在山坡上埋葬剛死亡的狗仔小黑。在場的小豆釘哇哇大哭，肥貓卻不明所以：

肥貓：「點解小黑唔起身？」

小孩：「小黑死咗啦。」

肥貓：「死咗都要起身㗎，我媽媽話我成日瞓到死豬咁，都要起身。等我叫醒佢啦，『小黑，天光啦，起身啦！』」

讀者或會猜想，肥貓如此純真定必惹人憐愛，但電影告訴我們八十年代的社會尚未懂得接待智障人士。在片中，某天鄰居走到貓媽的家借鹽，貓媽吩咐肥貓幫忙，鄰居卻神經質地說不：「叫個癡線仔攞畀我，容咩易食到我成家都癡晒線！」鄰居一手執着鹽盒轉身走，口裏喃喃自語。

肥貓爸爸在生時曾對貓媽說：「我哋有義務生佢出嚟，但無權利扼殺佢嘅生命。」這說話從沒在貓媽耳畔消失，直到自己臨終一刻，從來不願求人的她竟託付女社工：「請畀肥貓一條生路行吖？」

丈夫欠債自殺不遂，離婚收場

一九九九年，仁仔十歲，某天早晨他爸爸留下遺書，說自己經已鯨吞百多粒降血壓丸，正返回公司等死。蘋果非常詫異，原來丈夫欠下卡數無法償還。她從不擅自拆開丈夫的信件，故此一直不知道他欠債。

蘋果馬上致電到他的公司，幸好同事及時送他入院，把他從死亡邊緣挽回。枕邊人自殺不遂，妻子趕赴醫院後說：「天主或許不准你死，你要與我一起看兒子長大。」可惜丈夫不久又再欠債，追債的人晚黑接連上門收數，嚇得兒子半死。蘋果深覺不能繼續下去，終於忍痛向他提出離婚，申領綜援勉強維持基本生活。

她好一段日子跌入了情感的低谷。孤單的長夜聽着林子祥的《千億個夜晚》，每次都淚流滿面。然而歌詞令人淌淚，同時也釋放了她的情緒。有的歌曲給她注入力量，譬如盧冠廷就隔空叫她做個「快樂老實人」；湯正川的《人在社會中》，提醒她「個個天生都有用，願你畀啲信心，莫被現實來操縱。」

「如果我癡線，仁仔將會很慘。我要撐過去，展望明天。」當蘋果想到兒子，便振作積極生活。為免有人來電滋擾，她改了電話號碼並加設來電顯示，一律不接陌生電話。她又染了一頭栗色的頭髮，刻意換個形象為自己打氣。

兒子讀特殊技能學校，主修餐飲

兒子完成了特殊學校所有課程，但學歷不過僅僅等同小三、四程度，遂繼續升讀有職業導向的特殊技能學校，主修餐飲。

「在快餐店打工可以在公司吃飯，中午不用四圍走。」蘋果說希望兒子在食肆工作，可是導師教他學沖奶茶咖啡時，兒子怕灼傷連熱水掣也不敢碰，倘若叫他試便哭得楚楚可憐。技能學校容許學員逗留至二十四歲，仁仔用盡時限學習其他技能，畢業後獲快餐店聘用當樓面清潔工，但人客一多他就慌張得手震腳震，做了三個月後離職；後來又轉職洗碗，由於毋須見人故此幹得不錯，可惜餐廳一年後易手，新老闆上任後馬上辭退他。

蘋果憂心兒子失業日子久了會有情緒問題，主動聯絡匡智會就業輔導社工，希望打探多些就業資訊。社工最初介紹仁仔前往回收工場處理汽水罐，蘋果一聽即時搖頭：「汽水罐內可能有煙灰，罐口又會有很多口水和細菌，我不想仁仔冒險工作。」社工體恤她這份隱憂，推薦仁仔回收膠箱和摺膠袋。值得媽媽高興的是，仁仔忠於這個崗位，至訪問時已幹了兩年有多。

這些年來蘋果大可回復自由身，乾脆安排兒子入住宿舍。可是她不想把兒子交給宿舍照顧，覺得宿舍格局像老人院，四、五個人住在一間房，擔心兒子會住至終老。蘋果只想一直陪着兒子，可以多一天就多一天。

彌撒中兒子與爸爸聚首

當蘋果向陌生人介紹自己時，劈頭會說自己是天主教徒。過去十多年來，她每週都前往聖堂守望彌撒，由於她的前夫同樣是天主教徒，逢星期日是仁仔與爸爸聚首的時機。

信仰改變了蘋果的人生，就算不慎滑倒摔了一跤，僅僅跌瘀而毋須入院，她亦會頌讚說一聲哈利路亞。上文提到她曾罹患甲狀腺癌，在被人推進手術室的一刻，信仰令她的人生有很大反省：

「完成第一次甲狀腺手術一個月後收到報告，要立即返回醫院。醫生說腫瘤是惡性，怕會擴散，所以要在頸上再動手術。我等候做手術時神智恍惚，護士替我量體溫時依稀聽到她說我體溫很低。當時我被醫護抬上擔架牀，準備入手術室也不知道。睜開眼後依稀聽見醫護說手術室無位，我眼淚直流，難道要死在手術室嗎？不知又過了多久我又入睡了，睜開眼後看見手術室的門，似乎正被醫護推回病房。我立刻向天主謝恩，並答應在有生之年，奉上我的醫學知識來服務病人。」

踏上全職義工生涯

離婚後，蘋果依靠微薄的綜援金餬口。同年，她積極地到不同的復康機構服務，一星期當上數天義工。二零零四年開始她抱着報恩的心態，主動參與紅十字會的義務工作。這個組織曾經免費為她的兒子提供言語治療課程。蘋果因腰傷無法長時間勞動，但義務工作時間具彈性，可讓她兼顧照料發展遲緩的兒子。

她接觸了很多無權無勢無聲無伴的人，認清了一個生存實相：社會上必定有些人需要被關顧，當社會沒有無私的幫助者，將淪為一處殘缺的地方。她報讀了紅十字會的布偶班，預備在年尾於醫院表演給病童欣賞。蘋果在社區從事無償的工作快超過二十載了，她的生命面向逐步由自己、兒子轉向社羣。

閱讀蘋果的信很有價值，可學到很多人生智慧，見證她在生命歷程中不時遞增知識，服務心志也愈見堅定。當她找到合適崗位後產生巨大動力貢獻社會，推動她努力不懈地把事情做得更好。

七月四日

肚子餓到幾乎行不到路，這次真的感受到飢餓的滋味。我想起香港有饑饉籌款活動，若有人要我捐款，我一定支持。

七月三十日

星期六上了第一堂盲人凸字班，原來摸凸字真的好難，凸字好細點，好似芝麻。幾粒芝麻拼成一字，由上而下，由左至右摸。左邊用左手摸，右邊用右手摸。

……

你摺的太陽花好靚，你知不知太陽花在復康機構有另一種含意嗎？就是代表無限盼望。

八月五日

教堂有學手語的機會，每月最後一個星期日有手語彌撒。我給你的台式手語資料是佛教會的，附有錄音帶，不過是講國語的。我除了曾學習過的語系外，是看不懂其他語系的手語。最近我有機會表演手語，是自願參與的，第一次踏足台板真的腳震，但我記起了一句話：在台上眼睛鎖定一個目標，不要周圍望，心就會定下來。這辦法果然有效，腳不震了，專心完成了表演。

八月七日

斌仔的著作真是好好看，從未試過一口氣看完一本書的整個章節，昨晚看至夜深。我也是一個長期病患者，作者內心的痛苦我都感同身受，不同的是我還行動自如，可以說話。

……

我間中做陪診義工，又要出動服務啦，今次寫住咁多先，待看完整本書再與你分享感受。

八月十六日

今天我去威爾斯親王醫院上課，看見這份器官捐贈表馬上拿兩份寄給你，你知道為何寄兩份給你嗎？一份給你，另一份給你交予身邊有興趣了解的人，明白嗎？

……

我是老人服務義工，每逢節日和冬天特別忙，三月至十月就好得閒。中秋將到，我們又開始忙啦，要搞活動給老人家玩！

九月六日

這個九月我並不太空閒，除了九月八日做醫院服務外（精神科），在九月十五日在大埔文娛中心獻唱，是慶祝中秋的活動，時間是早上九時十五分至晚上六時。我想到時一定腳痺，因為要加操歌曲準備獻唱。一星期有三天要操曲，逢星期一、三、四，每次練足兩個半小時。咪以為表演完可以休息，九月二十四日晚上醫院又搞中秋活動（這次是護養科）。這個月將會是這樣子過的。到十月四日早上，我會在粉嶺火車站賣獎券（替老人中心）。

……

九月四日第一次在北區醫院做義工，約工作兩小時，服務近三十人。原來北區醫院進行大裝修，封了一大半路，以往那些原本直行的路現在要兜大彎行走；加上路牌指示是張紙，一不留神分分鐘會迷路。你估最多人問的是什麼地方？估中無獎。開估：一是洗手間，二是出路。

……

我曾說我有好多朋友患抑鬱症，她們都是窮人。她們鬱悶就向我傾訴，有時被她們弄得煩躁，但我知道要忍耐不可向她們發脾氣。有時我故意不聽她們的電話，我說我都有煩惱的事，但她們似乎不明白，聽後立即收線，非常無禮貌。

十月四日

我承認我是急進的人，心急的想表達意見。不過，我在一般會議上是個有耐性的聆聽者，很多有心事的老人家都搵我傾訴。

十二月十三日

我很喜歡跟殘障的朋友交往，因他們的心胸廣闊，使我學會用平常心去跟人交往。普通人太過自我了，很少有謙卑的。

……

近來我間中買素食吃，與素食店的人交談交友之道和人生哲學，他們説交友在於真心。雖然我們從未問過對方的名和姓，但見面多了每次都必定問候一下，好親切。他們介紹佛書我睇，但我説通通不要，我只愛素食譜。

十二月二十二日

我患了甲狀腺癌，我答應過天主如果我死唔去，會做義工及用愛去助人。一九九二年我加入了天主教的聖體會，最近十月擔任上水區教堂聖體會秘書，逢月尾的星期日上午九時開會，我負責寫會議紀錄，但做了兩個月已經好吃力，因為開會後要在兩星期內整理好紀錄，再交給其他人輸入電腦分發給會員。月月如是，真是疲勞轟炸。聖體會中個個都是老人家，二十九個會員中最年青的是我。我是自願做的，但估不到這麼辛苦。

……

星期六，紅十字會上門探訪老人，一個月去兩次，幫老人家量血壓。我因腰骨不太好，已下定決心明年退出合唱團，抽時間再學盲人引路課程及做相關義工。之前完成了盲人點字課程，近排因為忙碌所以無再溫習。我有好多紅十字會義工隊的隊友想學手語，可互相切磋。第日得閒教你一些港式手語（速成），當玩玩或見識一下？

一月七日

今天上課（唱歌班）放映星期六公演的錄影片段，導師覺得我們未及格，但我已盡了全力。

二月二日

新年快到了，我覺得你是一個環保人士，所以我不打算寄賀年卡給你，但特地設計了這張賀年卡，祝你今年萬事勝意，從心所欲。

……

年初六就要開始進行今年的醫院義務工作。新一年的工作就在這天開始。

……

年初七是人日，我會在北區醫院派禮物包給住院的病友，今個新年算過得好有意義。

二月十九日

年初七早上我去麥當勞吃早餐，打算之後到醫院服務。我突然想起麥當勞之家支持的小朋友，擔心他們過節苦悶，因此捐了十元放入錢箱。可能真的善有善報，後來我玩遊戲時贏了獎，又在抽獎中中了獎，獎品是筷子和日式豉油碟，我好開心。

二月二十六日

上星期日是我教會每月一次的例會，聖體會要負責設計一幅壁佈，張貼在聖堂入口處給會友觀看，藉此喚醒大家復活節將至要努力事奉，主題是以愛繫家。

三月一日

和朋友談起四川大地震。記得事發之前，我有預感一直探訪的伯伯會在當天離世，结果真的估中了。

……

我不知何處來的智慧，探訪時用雙手握着婆婆的手，婆婆的表情讓我知道她感謝我的慰問。

丈夫羅患急性白血病離世

蘋果性格十分爽甜，除了悉心照料別人外，又落手落腳表演手語；她努力學習盲人點字，穿梭醫院和機構做義工，又上門探訪受助者。她的眼耳口鼻都一一化作別人的祝福，尤其是對窮人、老人家及有抑鬱問題的人。

她是重情義的人，有中學同學移居澳洲三十載，彼此每年仍互寄聖誕卡維繫感情。蘋果說自己喜歡區瑞強一曲《那天再重聚》，牢牢記得每一句歌詞。

二零一五年，她的丈夫羅患急性白血病（即血癌），八月初入院，延至九月底不治。最後五天彌留之際，蘋果徹夜守候在旁。丈夫走了，她更體會到相識絕非偶然。現在有友人相約敍舊她必定儘量出席，深怕錯失了一次再沒有機會。說到此，她的思緒忽然轉到患腸癌離世的朋友，馬上送我一個健康貼士：「千萬不要飲凍飲，因為食物是熱的，凍飲是冷的，冷飲入腸會凝固熱的東西，好傷腸的，切記！」

活在當下的朝聖路

蘋果還告訴我一件軼事。近日她的妹妹前往耶路撒冷朝聖，一去動輒花了萬多元。對於蘋果而言，她一輩子也不敢奢望這個昂貴旅程。不過「愛問點解」的她倒會反問：「點解這麼多教友朝聖都一定去耶路撒冷？其他地方不行嗎？」她沒有能力搭飛機，只好搭船往長洲參觀花地瑪聖母堂，一處每年聖母像出遊的地方。蘋果說本地的教堂有很多，有生之年也未必能全數走訪。

就算前路遇上攔阻，蘋果也設法創造一雙翅膀飛越。很多人說兒時夢想難圓，不過蘋果告訴我們，當不上護士也可堅持學習護理，無法治療病人也可把健康資訊傳給身邊人。

蘋果的生命告訴我們：相信夢想，堅持在願景邊緣徘徊。

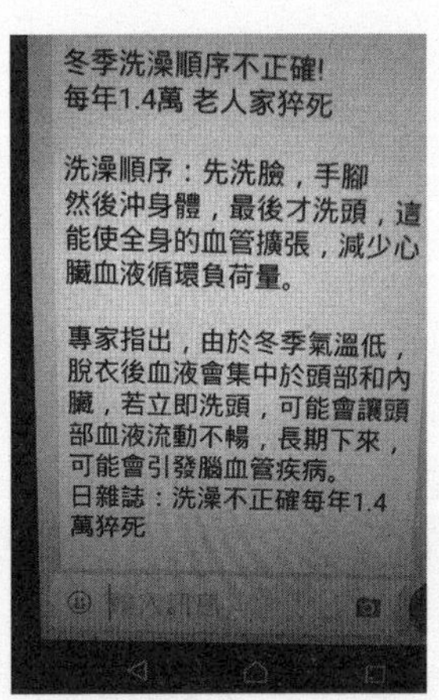

■ 蘋果與其他紅十字會義工經常在WhatsApp羣組互傳健康小錦囊。

■ 蘋果定期探訪老人家。相中婆婆的老伴當時離世不久，蘋果握着她的手表達慰問。

好讀媽媽

「要堅持下去，離世時覺得曾做過有意義的事，就不枉此生。」

稱呼：麗雯

年齡：五十至六十歲

職業：水務署員工，育有一子一女

突破點：離婚

夢想／特長：擔當基層喉舌，陪伴不幸者走過艱難的路

生命特質：自學、踐行、閱讀

透過書籍和義務工作，
晝夜都可閱讀人生

麗雯是頭貓頭鷹，別人入睡時她睜開眼睛上班。返通宵更的人通常在日間身心俱疲。麗雯受訪當日難得放假，遂相約她在日間會面，在她所提議的工廠大廈內進行訪問。她曾經接受網上平台**香港記憶**訪問，見面前我先瀏覽一下稍稍窺探她的人生。

遊走三更，社區義務工作狂

麗雯早午晚有不同身分，在正職、家庭及社區工作中穿梭，當中社區工作最吸引我。訪問當日她帶領我走進工廈探訪婦女貧窮關注會，她是這個組織的主席。社區工作是無酬事業，麗雯參與了接近二十年，直言這任務佔據她人生的比重，相比有薪工作還要大。

香港記憶

一個多媒體網上平台（http://www.hkmemory.hk），由康樂及文化事務署及香港賽馬會慈善信託基金合辦，為響應聯合國教科文組織推動「世界記憶」而成立，讓市民免費瀏覽香港的歷史和文化資料，包括文獻、圖片、海報、錄音、電影及錄像。

麗雯說自己有一個憂鬱的童年。五、六十年代，她在灣仔生活，住在一所「一屋多戶式」的房子中，左鄰右里住滿了社會基層人士，活像楚原在七十年代執導的電影《七十二家房客》的場景。麗雯的家樓下一帶酒吧林立，不少人夾道迎接美國水兵大發越戰財。

在麗雯的成長記憶中，這個社區盡是赤貧和賣身的畫面；一層層黑壓壓的污雲在街上瀰漫，並覆蓋她家居的屋頂，當時她的父親正長臥病榻。「爸爸是長期病患者，臨終前住在九龍醫院。九龍醫院以平房式設計，大樓前面的草坪設有鞦韆架，我曾在那裏打鞦韆。由於小朋友不可進入病房，媽媽探病時讓我在草地周圍玩耍，這是我童年常到的公園。」她十三歲時父親離世，自此再沒到這裏打鞦韆。

麗雯育有一對兒女，今天已長大成人，兩人同樣是擁抱急功近利等主流價值的典型香港年輕人：細女是個不折不扣的哈日族，希望嫁往東瀛；大仔則金錢掛帥，一早混進了金融世界工作。兩人當年就讀Band 3中學，沒有大學學位，學業上沒有什麼可以炫耀的地方。麗雯在訪問中沒有多提兒女成長的片段，坦言自己該負責任。

反叛少女當上全職主婦

少年時期的麗雯很反叛，不信任主流教育又質疑考試制度，不屑老師提出「死讀一本雞精書必保升學」的想法。某年英文科默書不及格，她被老師打了二十多下手板。

小學五年級時，她自決命運，輟學投身職場。七十年代是本港工業的黃金歲月，佔本地生產總值三成；當時的人就算讀書不成也不愁生活，只要努力工作也可挺直腰板做人，這有別於麗雯子女重視學歷的世代。

那時，夜校生氣盎然，麗雯重返校園半工讀，十多歲時入讀英專學習英文，至二十多歲時轉讀全科。「當時屋企人說就算完成會考又如何？畢業後也要結婚和照顧子女。他們很積極地幫我找對象，安排許多相睇活動，我在二十七歲時結婚。」

婚後家人的說話果然應驗了。麗雯捨棄山寨廠工作，當上全職家庭主婦，一心一意撫養一對子女。可惜夫妻關係不久亮起紅燈，鬧起離婚。消息很快在教會傳開，身邊的教徒紛紛介入，修女與代母勸兩人不要分開。眾人遊說不果升級由神父處理，最後轉介往香港明愛家庭服務的家事調解中心尋求協助。

調解過後，麗雯發現丈夫去意已決，對方表示彼此的關係到此為止，無謂再勉強下去。膝下的孩兒當時仍是幼稚園生，麗雯咬緊牙關在OK便利店擔任通宵更店員，清晨放工後帶子女上學。捱了一個月後，她發現高估了自己的能力，也低估了單親生活的難度，開始後繼無力了。這時候，律師替她辦理領取贍養費事宜，但當師爺了解其前夫不濟的經濟狀況後，提議她象徵式向對方收取一元贍養費便算。自此三口子靠綜援過日子。

機構門口一張單張改寫命運

聽了麗雯前半生的故事，還想不通一個生活上充滿無力感的普通家庭主婦，為何後來會獻身社會服務，多年來積極參與無酬的社區工作呢？「超越等價交換的營商謀利關係」、「深信生命是互相倚存」、「凝聚力量謀求自身以外的公眾利益」等公共事務概念，為何會出自她的口中呢？

她曾提及婚姻調解中心的門口接待處，擺放了各式社會服務的宣傳單張。當時麗雯好奇，透過單張偶然接觸了專門協助單親家庭的家福中心。麗雯說自己的想法負面，倘若再進一步自我封閉的話，憂心對小朋友和自己都沒好處，故此必須尋找出路。

「當時我覺得四面楚歌，很想找人支持，所以主動參加單親小組，向過來人請教如何適應轉變，希望生活過得好一點。」相比信仰羣體，這個單親小組更體貼麗雯的實際需要，並沒有怪責她未竭力挽救婚姻。這名「單親新丁」在這個小組中找到學習對象，堅強地生活下去。

中心不時舉辦收費便宜的戶外活動，包車接送兼有義工相伴，讓麗雯可在經濟環境不佳的情況下到處遊歷、大開眼界。中心又安排一班熱心婦女以過來人身分定期探訪單親家庭，麗雯發現世界上有更多人的遭遇比自己悲痛。她認識了一位姊妹，丈夫在地盤遭遇工業意外，自此陰陽永隔，喪偶的哀傷久久無法癒合。

當麗雯探訪更多人後，發覺自己並非那麼命苦；加上社工細心解釋和開導，讓她得到適切的心理治療，消減了對子女的虧欠感。中心還鼓勵這班婦女寫作，向一本名為《親》的刊物投稿，麗雯也有幾篇文章被刊登。

不滿教育制度，反而與書結緣

寫作為她帶來成就感，推動她繼續自我提升。她開始參加徵文比賽，憑一篇閱後感在家長組勇奪冠軍。據說當時同一個比賽的少年組冠軍，後來成為了一位醫生。

想不到眼前這位媽媽是位作家，她的成長歷程與文字結下不解之緣。之前提到她對主流教育生厭，反叛的性格卻讓她與書結緣，培養出對課外閱讀的興趣。小二時她在書攤發現了六毫子一本的《兒童文藝叢書》，當中節錄了大量西方文學名著。她一本接一本地追看，當中有《孤星淚》（*Les Misérables*）、《苦海孤雛》（*Oliver Twist*）、《鐘樓駝俠》（*Notre-Dame de Paris*）和《塊肉餘生記》（*David Copperfield*）等。

除了西方著作外，她也跟中國文學打交道。當許鞍華仍未請湯唯拍攝電影《黃金時代》的時候，麗雯早已拜讀過蕭紅的原著作品。她亦喜愛老舍，尤其他對貧窮人生活入木三分的描述。「老舍的作品《月牙兒》描述一位十多歲雛妓的故事。主角母親是位妓女，她曾經立志不會重蹈媽媽的覆轍，卻不幸地走了母親的舊路。故事中所提及的私娼是犯法的，被捕後會判坐監。我對這故事印象深刻，洞察到貧窮所引申的家庭問題。」

文學培育出超越性眼光

文學培育麗雯有超越性的眼光，學習細察主人翁背後的處境和感受，因而孕育出對基層人士體恤之情；加上個人經歷，她明白不能一味斥責窮人懶惰或「抵死」。麗雯指未有綜援制度的時代，沒飯開的人很易因走投無路鋌而走險，綜援確實在某程度上減少了發生罪案的機會。

除了閱讀和寫作外，麗雯也很重視和一班單親媽媽相處，經她們介紹接觸仁愛堂，這是她人生另一個轉捩點。在新的羣體中，她比之前大膽地和政府唱反調，甚至對着幹。好幾位熱心社工倡議基層政策，並重視社區教育，安排一些婦女走進立法會旁聽相關議題。透過一連串學習，麗雯明白家庭崗位不等於女性生命的全部，女性應嘗試接觸新事物，認識婦女權益並反思女性價值。

在這個機構中，她認識了林姑娘。當時機構投得單親中心發展計劃，麗雯和林姑娘創辦多個合作社，包括單親婦女權益組、群芳陪診（老人陪診）、綠慧公社（環保組織）及香港保姆協會等。麗雯在保姆協會中擔當聯絡人，曾經在無綫電視節目《星期三檔案》中亮相。三年後政府擱置有關計劃，一切努力將要功虧一簣之際，她們四出爭取款項，最後成功讓合作社運作下去。

獲介紹往水務署工作

麗雯參加美食到會再培訓課程時結識了一位社工，經對方介紹往水務署應徵兼職接線生。這位社工是麗雯生命中的恩人，發揮了社會學家所說的**weak tie**作用。麗雯經一輪訓練後，除了打字與朗讀英文外，其他也能符合崗位工作要求。署方破格豁免她這兩項考核，正式聘用她接聽市民的來電。

麗雯的工作時間由早上七時至十一時。她在屯門居住，往來港島區上班一來一回動輒要花三小時，更遑論每月逾千元的交通費。綜援入息豁免的限制十多年來沒有改變，收入上限是二千五百元。她兼職賺了四千元，須給政府扣減當中一千五百元綜援金。當扣除車資等開支後，實質落袋的收入所餘無幾。

早在九十年代後期，政府開始收緊單親綜援政策。以往就算在私樓居住，有需要的人也可申領綜援，而新修訂的條例卻把所有自置物業納入資產審查之中。換句話說，在新例中受助者幾乎要耗盡分毫才可獲得援助，遑論獨力照顧子女難以外出工作。

麗雯在水務署上班不久，法庭把前夫的私樓判了給她，令她超出申請綜援的資產上限；加上細女還有幾年年滿十五歲，申領綜援的條件將有所改變，麗雯準備自食其力。很幸運地，這時候她獲上司安排轉任全職工作，只是每天工作十小時，無法繼續擔當社區義工。

服務社區的心驅使她於二零零七年暫別水務署，改往仁愛堂專責跟進綠色社企工作，一年後才回歸水務署擔任通宵更職位。因為新工作職位在清晨下班，讓她可以繼續投入社區事務。

麗雯的經歷輾轉變化，為了做義工，甘願放下穩定的工作和生活，

weak tie作用

中譯「弱聯繫」，由美國社會學家Mark Granovetter於一九七零年提出。他發現，協助轉工的人往往不是好姊妹或兄弟，而是一些相識但不太熟的人。因為不太熟識的人會帶來探知的機會，除開拓嶄新的人脈網絡外，還可得悉原有社交圈子外的工作消息和路向。Granovetter曾訪問很多人，他們都不約而同如此形容曾協助他們的貴人：「和他不算深交，只是一般相識而已（Not a friend, but an acquaintance.）。」

我的自身經驗也相仿，畢業後初出茅廬的首兩份工作都多得「弱聯繫」帶契。第一份是社福界工作，跟我大學修讀的本科無關。事緣我畢業後在某機構當義工，單位負責人是位社工，她任職社工的友人想僱用新人，就介紹我應徵這份短期合約。之後我經大學同學轉介任職研究助理。我跟這位同學不算太熟，對方只記得我畢業後不打算找長工，當知道有教授聘請助手就想起了我。

和她擁抱主流價值的兒女大大不同。她要兼顧正職、家庭和義務工作，我也不禁感歎辛苦，她卻笑說：「適應到，未死得。」

盼望成為基層喉舌

在過去七、八年，麗雯在家庭、工作及義務工作中不斷穿梭。她表示唯有社區工作最讓她投入，自言有三項使命：教育、倡議和同行。

在教育方面，她和一班婦女貧窮關注會會員策劃社區導賞團，要求參加者往街市完成一項非常任務──嘗試以三十元預備兩餸一湯，而且須講究營養價值；此外，她們又到勞工署和社署實地考察，到訪不同組織深入了解綜援制度運作，並結連基層婦女。此外她們又走進校園，在通識科課堂傳達反歧視訊息。

在倡議方面，麗雯和一班婦女爭取各項權益，盼望成為基層喉舌向立法會議員及官員發聲。

而同行則是麗雯的終極使命。「今日的女性要作好各方面的心理準備，因為未必嫁得好或者有平穩的婚姻生活，一旦發生事故要懂得面對和處理。」她看見社會充滿危機，盼望陪伴不幸者走過艱難的路、一起成長，協助各人發掘專長及培養興趣。

麗雯說要改變一個婦女的生命並不容易，若能幫助一位緘默不言的媽媽，有勇氣在眾人面前說話便算是成功的第一步了。

實踐使命時，有如彌撒中和神相遇

麗雯直言，自己對社區的抱負深受信仰影響。她縱然不是教會常客，但十八至二十六歲期間經常參加教會小組，學習日常踐行。她相信服務弱小社羣相等於服侍神；實踐使命時有如在彌撒中和神相遇，按神的心意服務社會。她有一顆感恩的心，感謝神讓她縱使學歷低也不用當廁所清潔工，子女又沒有學壞。麗雯亦感激綜援制度，讓她在最艱難的歲月中可花全副心力照顧子女。

「我暫時不用領取綜援了，我有自己的居所又不用交租，可是並非人人如此走運。單親媽媽不能兼顧每天十多小時的全職工作，希望大家不要歧視領取綜援的人，應視它為過渡期中的幫助，有需要的話就要尋求協助。當然我也鼓勵婦女自強不息，在能力範圍內提升自己，找一份能照顧家人的工作，但要注意成敗還須要看際遇。」麗雯鼓勵姊妹們多閱讀和做義務工作，建立廣闊的視野和人脈，並掌握閱讀自己和別人生命的能力。

朋友對麗雯有兩個提醒：第一，小心被人利用作政治動員；第二，要為日後的生活作好打算。不過她的目光只注視着天空，心裏只關注社區服務是否後繼有人。但畢竟她即將達退休年齡，全職工作也僅為自己累積了七至八年的強積金，始終要為日後生活作好準備。

當年老後，又會否又再次墮進貧困的深淵呢？這憂慮偶爾也在麗雯的腦海中掠過，但她卻淡然地說：「盡自己能力去做吧。」我聽後深深被觸動，她一生為社區服務，就連自己也少顧，充分流露出一份由家庭昇華至社會層面的匠心精神。

我：「情況最差的時候怎麼辦？」

麗雯：「大家都是基督徒，不用為明日憂慮吧？今日做好今日事，將來有個新天新地。」

我：「人生很漫長，有什麼東西值得你堅持做下去？」

麗雯：「堅持做好手上的事，離世時覺得曾做過有意義的事，就不枉此生。或者有朝一日，我會選擇做另一種更有意義的工作也不定。」

麗雯的生命告訴我們：透過書籍和義務工作，晝夜都可閱讀人生。

俠義媽媽

「不應分職位高低和貧富，有合力共建的心態社會發展才平衡。」

稱呼：雪娟

年齡：五十歲以上

職業：清潔女工，育有一子

突破點：兩度離婚

夢想／特長：扶助弱小、貢獻社會

生命特質：俠氣、剛強

窮也可以有骨氣，
甚至扶助弱勢

見雪娟前，我有點怯。

娟姐所散發的磁場，有點像和她年紀差不多的電視藝員Do Do姐或者汪阿姐，一亮相就有壓場的感覺，像個女俠。娟姐一開口聲音七分洪亮、三分沙啞，好一把異議者的聲音，一見面就跟我大談政策漏洞。

訪問一開始，批判大堆政策

她認為最低工資若沒有最高工時配合，只會白廢心機。因為工作量不變，老闆少聘了人手，員工要完成工作才可收工，等於變相加班；她又批判託兒服務不足，說某官員在公開場合推廣鄰舍守望相助，一開口就當場給雪娟轟落。娟姐當時這樣反駁：「你家的隔鄰住了幾多個人？你幫助過幾多個鄰居照顧孩子？今時不同往日了，除了出入外，你有幾多機會遇上鄰舍打開大門？」該名官員給她問得無言以對，似吃了啞藥。

當論及政府做得最錯的事，她矛頭直指外判制度，指一判二判三判四判通通不被監管，導致出現層層剝削。娟姐十分留意政策，批判力強兼且不畏權貴，腦子裏經常裝着一籃子尖銳問題。

經一輪炮轟後，我倆的話題才慢慢轉向她的兒子嘉俊身上。

自信培育出滿分兒子

娟姐家中擺滿獎盃和獎牌，猶如校務處門口的玻璃櫥窗，不同的是所有獎項均屬於同一人──她的兒子嘉俊。我脫了鞋後站在她家中這個「心臟地帶」，按捺不住把臉湊近獎盃和獎牌，細閱刻銘在上面的小字：學界話劇比賽最佳男演員、學界第一組別排球冠軍、普通話故事優秀獎、傑出社員獎、圖書館服務獎、最佳運動員獎……此外，嘉俊還有良好品格，先後六次獲得操行獎：小學三次，中學三次。

我擰頭望向另一側牆壁，看見一幅由馬賽克拼貼的欄王劉翔肖像。訪問時，嘉俊十八歲，是應屆文憑試考生，修讀視覺藝術。他關心世界時事，最近剛完成一幅油畫，以藝術回應震撼全球的印度巴士輪姦女醫科生事件。

娟姐自信地說自己教仔有一手，讓她印象最深的，是早年妙用家裏的電視機作教具。自嘉俊三、四歲開始，娟姐開啟電視後先讓兒子選一個台收看，自己再選一個台，每逢廣告時段要轉台給媽媽看。其實，看無綫抑或亞視，娟姐根本沒有所謂，只是藉此向兒子灌輸一種共享思想，防止他日後凡事獨佔和獨霸。

娟姐認為人與人相處最難的是尋覓共同點，學懂分享才是生存上策。不過，劇集看得斷斷續續真令人吊癮，訪問時連我不禁嘩的一聲叫了出來。娟姐稍稍扯高嗓門說：「所以我說，全香港只得我個仔做得到！」她相信自己的兒子很出色，在香港是獨一無二。

早年娟姐定期上門探訪老人，義務協助清潔家居，每次出隊時兒子都伴隨左右。起初嘉俊對清潔工作一臉惘然，暗忖自己小小的雙手有啥用呢？原來媽媽早有準備，抵埗後從衣袋掏出一塊小布吩咐他抹牆腳。

娟姐說兒子小時候是「問題少年」，逛街時經常發問。兩口子為了慳錢甚少出街，就算出街都多數步行，儘量不會搭車。有次乘搭地鐵時，列車靠站後嘉俊看見五顏六色的廣告燈箱緩緩擦過，感覺十分新奇，遇上不懂的內容就逐字逐句問媽媽，娟姐遂逐字逐句地回答。母子倆沿途不斷對答，鄰座一位陌生中年男人終於忍不住口，打開了話匣子說：「太太，很少人像你這般教小朋友了。我留電話號碼給你，若這個兒子將來出人頭地，請你通知我吧！」不過，娟姐後來沒有聯絡這位陌生人，因為搬家時遺失了號碼。

清洗碗碟超過十年，未曾打爛一隻碟

她說嘉俊自小分擔家務，清洗碗碟超過十年未曾打爛一隻碟。兒子十分細心，初小時見娟姐坐在矮凳上清潔風扇，就曉得媽媽膝頭不適便馬上自薦代勞。偶爾兒子會下廚慰勞媽媽，他所煮的不是簡單的焓蛋或公仔麪，而是鮮魷炒意粉、釀魚肉矮瓜和豉椒炒螺等高難度菜式。他有個習慣，就是縱使食物再好味，也不會一口吃光，總會留一口給媽媽。

進行訪問的一年前嘉俊開始做日間兼職，首次出糧後把全數一百五十元開開心心地遞給媽媽。娟姐忍不住在微信公告天下：「他賺的錢雖然不多卻非常重要，因為這是兒子對我的孝順和體諒。多謝你嘉俊！」

婚姻為娟姐帶來人生最大的苦楚。受訪時，她大約五十歲出頭，兩度離婚。她指第一任丈夫不忠，第二任丈夫懶惰。她自認性格剛烈，表示不會再結婚了。兩名丈夫屢勸不聽不改，她寧願快刀斬亂麻，但離愁剪不斷，有很多回憶一直藏在心中。

第一次婚姻失敗後，娟姐借賭消愁，往往一擲千金。她的注碼不是逐張鈔票計算，而是按整疊鈔票的厚度量度。賭仔下場通常堪虞，何況娟姐只不過是個賭場初妹。僥倖贏了錢就去旅行花清光，縱使短暫的勝利讓她幾乎遊遍全中國，但經過接連豪賭後積蓄終於全數蒸發。

再婚後她誕下了兒子嘉俊，給娟姐一股重生的動力。她表示第二次婚姻失敗後，因着兒子的緣故沒再次沉迷賭博。不過，嘉俊並不是她的獨子，娟姐表示與前夫結婚後曾在內地誕下兩名女兒。說到這裏，娟姐開始揭示自己一段放任的年輕歲月。

臨盤在即，帶接生工具偷渡來港

娟姐的成長背境十分複雜。她在香港出生，兩歲時跟隨父母移居內地。她為第一任丈夫誕下兩名女兒，當時中國實施一孩政策，她沒進行結紮手術，保留了生育能力。後來她跟第二任丈夫懷有兒子嘉俊，臨盤在即，便帶備一套接生工具坐「大飛」偷渡來港。早上抵埗後剛好穿了羊水，正午時被送院。

她懷着嘉俊來港前，在少女時代曾經三次冒險偷渡。當時她選擇走險峻的陸路，揹着十斤、八斤炒米餅，摸黑攀越一座座山頭，沒流血或跌至重傷算走運。娟姐冒險偷渡，正因當時大陸爆發文化大革命，死了近百萬名同胞，史稱「十年浩劫」。期間她的父母被人批鬥，日子過得很苦，每餐以油鹽撈飯。

當時的小孩上學要高唱一首又一首崇拜領導人的歌──「東方紅，

太陽升，中國出了一個毛澤東。」除紅歌外，「為人民服務」的口號至今仍常在娟姐腦海中出現。當時流行「德智體全面發展」等口號，今天她依然常掛在口邊。那段日子還發生了一段奇妙的邂逅。

在獄中，語文老師教她查字典

首次偷渡失敗後，娟姐熬了近一個月牢獄之苦，期間跟十多人擠在狹窄的空間內，共用一個馬桶。她與一位素未謀面的語文老師特別投契，經常閒聊消磨時間。娟姐原本不識字，這位老師在獄中教她查字典，以指頭作筆、掌心作紙進行學習。娟姐出獄後重投職場，發薪後第一時間花兩元買了本字典回家繼續學習。

在苦難中，娟姐掌握了當時極珍貴的讀寫能力。她最愛武俠小說，如金庸、古龍、梁羽生等。這位女俠曾拜會過書海裏各路江湖兒女，沉澱出一套江湖智慧：「言而無信的人是沒有用的。」

年輕時娟姐確實很反叛。中國大陸實行計劃經濟，她大膽地自製汽水飲品出售，又暗地裏出售祭祀用的香燭和醃漬水果等商品。社會改革開放後販賣活動可以曝光，遂把女兒寄養在別人家中，自己專心做生意。娟姐申領牌照在街市開設小食檔，出售腸粉和炆牛腩等食物。她的生意漸上軌道，不消一天就賺了數十元，相等於普通工人的月薪。

及後娟姐購入一輛小型貨車及一輛摩托車。她的生意做得有聲有色，唯獨駕駛技術有點失色，小小的身軀難以瀟灑地控制車尾近三百公斤重的貨物。

廚藝了得，曾在內地當老闆

娟姐的廚藝十分了得，一向不愛吃豬肉的人，當嚐到她做的麪豉蝦醬辣椒蒸豬肉後，都忍不住要添飯；吃過她煮的酥炸綠豆糯米豬腸後都舐舐脷。娟姐十分好客，家中人客來者不拒，每天川流不息，客人多時甚至拆開牀板改裝成臨時餐桌。她人緣好、人脈廣，當了老闆後認識了不少高官子弟。娟姐說那段日子可以在社區橫行，可是沒有依仗關係走後門發大財。

聽了她的傳奇經歷後，我不禁當場叫絕。她坦言在內地當小販沒有退休保障，在香港生活保障較多，例如政府為長者發放生果金，而且醫療質素較佳。說到這裏，似乎她又要把話題再次扯回訪問開初的政策討論。

不過，娟姐卻想說說來港初期的經歷。嘉俊剛滿月後，她獲批單程證留港，先把兒子交給在港的親戚照顧，自己前往廣州打工，待兒子入讀幼稚園後才回港一起生活。

後來她和兒子以每月七百元租住板間房。板間房闊三呎，房間的位置原本是一個浴缸，業主拆卸浴缸後改裝成房子出租。娟姐買了張兩呎半長的碌架牀，入房後只能坐不能轉身。有外展社工挨家挨戶拍門表示可協助申請綜援，但被娟姐婉拒。香港回歸後一度經濟通縮，她仍能靠工作和一點積蓄過活，一直毋須政府幫助。

奇幻公園改變人生際遇

來港後人生路不熟，當時她做什麼工作維生呢？娟姐表示，當年居住的社區有一個「奇幻公園」，給她帶來意想不到的際遇。兒子年紀還小時，她經常帶他往公園玩，期間跟兩位家長特別投契。其中一位是報紙檔東主，後來聘請她疊報紙，讓她有穩定收入。娟姐在凌晨四時上班，起牀時若弄醒兒子就牽他一起往報紙檔。當時本港仍未訂立最低工資，她每小時賺十八元。由於娟姐被告知自己是「自僱人士」，所以沒有任何強積金供款。

另一位家長是附近教會的教友，邀請娟姐出席崇拜。娟姐沒有拒絕，因為想進一步認識社區，並為小兒在週末增添一些活動。二零零三年「沙士」襲港期間，工業福音團契在她聚會的教會招募義工，急需人手上門為長者清潔家居，娟姐二話不說就參加，這是她在訪問初曾提及和兒子參加的義工隊。

參與義務清潔期間，她結識了一位從事收費家居清潔服務的朋友，經介紹成為清潔工人。「我做過很多工作，包括服裝、飲食等，環境最差時曾在內地執拾西瓜皮等垃圾；環境最好時開店子做老闆。來港後我什麼都不害怕，就算洗廁所也無所謂。」

一次意外，右邊大腿萎縮

娟姐有如一位騎駱駝的女俠，走過一個又一個人生荒漠，路上不發半點怨言，多年來磨練出一副匠心耐力。可是這位女俠卻不是刀槍不入，某年在九龍區某醫院發生意外，弄至嚴重膝傷。

事緣有位住板間房的街坊拜託她前往醫院，代為看顧正在留院的幼兒，娟姐一口答應。清晨她從報紙檔收工後，叮嚀當時就讀小二的兒子乖乖留在家中，自己拔腿趕往醫院，抵達後知道幼兒要照X光。娟姐送他往X光房途中踏中水氹，滑腳跌倒弄傷了膝蓋。

娟姐怪責附近一名護士未有在當眼位置張貼告示；另一位護士前

來了解時亦未有適切地安撫她，娟姐遂向院方投訴，但有關部門未有道歉，只着她申請綜援，令她十分氣憤。娟姐被安排在三個月後接受半月板手術，待施手術期間仍忍痛工作。抵港以來，她一直靠自己雙手餬口，但這趟卻不得不由醫務社工幫助代為申請綜援渡過難關。

手術後她的右邊大腿萎縮，令她十分憂心，甚至抑鬱起來。女俠要拿着拐杖走路，感到十分羞恥。儘管法庭後來裁定娟姐勝訴，醫院須向她賠償十萬元，但很快花光在醫療費上。精神科願意向她發放工作豁免證明，但她堅持做兼職補貼，不領取全額綜援。娟姐表示人窮也要有骨氣，少吃少喝一點也不算什麼。

參加新移民婦女小組，學習議政

在半休養期間，外展社工協助她申請公屋，推介她往附近的陳慶社會服務中心參加新移民婦女小組，每月聚會兩次，開始學習討論時事認識社會政策。訪問開始時，她一口氣連珠發問政策的能力在這裏孕育出來。

娟姐回想早年在內地生活，新聞自由十分奢侈，不如今日香港媒體眾聲喧嘩，來港以來她放工後必定收看電視新聞。她表示，傳媒多以受助者角度報道窮人故事，但小組以正面角度探討貧窮問題，正合自己口味。除了議政外，這個小組還定期探訪老人院，過時過節搞派對，讓娟姐的廚藝大派用場。

小組的凝聚力愈來愈強，有社工提議她構思一個組名，於是娟姐提出「社區互助組」，取其姊妹來自五湖四海之意。她被推舉為代表出席另一扶貧組織的月會，讓她有機會面對面接觸高官直接反映基層聲音。「周一嶽我見過，連梁振英也曾會面。」娟姐自豪地說。

娟姐專注公民參與。她說在內地生活時沒這份義務工作精神，直至扎根香港才萌芽。近年有大風暴吹襲內地破壞了不少村莊，娟姐發起賑災活動，在微博動員友好幫忙。有人擔心當地貪官令捐款無法惠及災民，娟姐便選出情況最嚴重的村莊，自發租用小型貨車直接把物資和資金送到災民手中。

除了議政和救災外，娟姐還有個心願，希望死後能捐出眼角膜。「跛的可以坐輪椅，癱的可以躺着看電視，但是盲的就看不見這個花花世界。」娟姐貫徹她的俠義心腸，決定死後捐出整具遺體任由相關機構使用。她身上有一張港鐵發行的捐贈器官八達通卡。

強積金結餘五千元，脫貧夢難圓

訪問來到這裏，我想問娟姐對將來懷抱什麼願望，不過在她面前不敢胡亂發問。我心想應該是免於貧困吧？不過，她的強積金結餘只有五千元，就知美夢難圓；或許可把希望投放在下一代身上，但今天學位貶值，兒子要出人頭地並不容易。我感覺到她的心情既洩氣又矛盾。

娟姐坦然說，若兒子有機會讀大學，無論精神或金錢上定會竭力支持。她的願望是透過教育提升兒子的素質，做個好公民。她打了個「孩子如白紙」的比喻，指孩子的文化和知識由老師「填寫」，人生經驗則由家長「補充」。

「我個仔不算品學兼優，但也比下有餘。我們是低收入家庭，兒子不用補習有目前成績，我覺得十分幸運，或許這點令我驕傲。」但說畢她又難以平息內心一場騷動，總覺虧欠了這位出色的兒子。對於兒子，她心懷三個願望：熱愛本職、扶助弱勢、貢獻社會。

「我覺得社會不應分職位高低和貧富，有合力共建的心態社會發展才會平衡。」娟姐對兒子的願望正是自己多年的生命體會。公民（citizenship）這個概念不僅包括投票者或者納稅者，不論富貴與貧窮或有否知識，每個人都應當作好公民。

娟姐的生命告訴我們：窮也可以有骨氣，甚至扶助弱勢。

■ 娟姐家中的「心臟地帶」擺滿兒子的獎盃和獎牌。

■ 兒子在高中時修讀視覺藝術，家裏掛了一幅欄王劉翔的肖像，由馬賽克併貼而成。

公民媽媽

「香港最缺乏的是公民權利。不過公民教育很差，大家不太理解。」

稱呼：慧玲

年齡：七十歲以上

職業：退休／持異議聲音的公民，有兩名兒子

突破點：喪偶

夢想／特長：成功不必有我，但成功路上有我

生命特質：前衛、爽直、不平則鳴

不要輕看自己，婦女也可監察政府

慧玲的年紀是我的兩倍。她驀然回首，發現人生已走了一大段蜿蜒的路，訪問時不知從何說起，我提議她先介紹自己。她一開口我旋即被捲進一個漩渦，直達她三十年前生命中最漆黑的地方。那裏安葬了一張鏽蝕了的病榻，倒臥了她奄奄一息的丈夫。雖然慧玲之後再沒分享太多丈夫的往事，但亦感受到喪偶的悲痛還刻在心中。

不過，這位老前輩此刻的生命並不黯然，時常喀喀大笑，笑得甚至教人印象難忘。我試過把其中一段訪問錄音減速播放，反復聆聽過後，發現最長一聲爆竹似的連環笑聲，包含了十二個「喀」字。慧玲形容自己是野孩子。

印尼華僑出身，教育程度高

慧玲是印尼華僑，在小康之家成長。她的父母從商，有能力供她完成中四課程。慧玲相信在當時印尼男尊女卑的社會中，自己是學歷最高的一批女生。那些年，印尼大部分女子三步不出閨門，她卻大搖大擺四處遊歷，晚一點回家父母也不反對。她也贏得老師的信任，中文科老師曾以她的試卷作範本來批改其他同學的答題。當說到其他同學的分數時——喀喀喀——她也瞭如指掌。

中學畢業，老師在成績表上給她「三好」的評價。

「三好精神是『存好心，說好話和做好事』！」我自以為是的插嘴解讀，隨口拋出佘詩曼在電視劇《宮心計》中的金句。

「錯！功課好，品德好，身體好才對。」慧玲糾正我。

「這相等於今天香港的十優學生？」這趟我大膽假設，小心求證。

「是是是。」三好同學洋洋得意地回答。

印尼排華，輾轉逃到香港

慧玲畢業後做了幾年銷售工作，感到很不踏實，便轉執教鞭。印尼是個島嶼國家，她捨棄大城市生活，坐三十六小時船程前往偏僻的小島，當時她只有十九歲。小島上環境寧靜，有一班純真的小朋友，她很享受當地的風土人情。可惜這種野孩子生活僅僅維持了兩年，因時勢所迫而告一段落。

上世紀六十年代印尼政局動盪，華僑淪為二等公民，就業難、稅務苛。某段時期，政府禁止當地華人說華語，下令停辦所有華人學校，甚至不准華人使用中文姓名。慧玲告訴我在排華的日子期間，生命每分每秒都岌岌可危——警察隨時拉人坐監，四處發生命案，甚至有老人被殺死後遭拔出金牙。慧玲家裏的學歷文憑也被一一焚毀，教學生涯要轉往地下，暗地裏當家庭教師十餘年。

人類遇到困難時的主要反應有兩種：強者發聲，弱者離場。慧玲是弱者，唯有離開印尼。當時印尼的華僑少女紛紛出嫁到海外，當中以台灣和香港最受歡迎。她的妹妹早已在香港扎根，她也順理成章前往香港生活。

訪問時我和慧玲中間放了一張A4白紙，當我聽得糊塗不明白時，她就一字一劃地在紙上解畫。慧玲的書法很好，叫我印象猶深。她一副漫不經心的樣子，拿起原子筆在紙上不住打圈，所書寫的字句清楚有條理。訪問後這張紙被她丟進垃圾筒，我心想那正是她人生的草圖，題為「兜兜轉轉」。

丈夫因癌症去世，大受打擊

慧玲來港後縱使離開了紛亂的環境，但很快又嗅到濃烈的死亡氣味。「醫生說，我丈夫最多只有半年壽命，是末期癌症。」慧玲婚後誕下兩名兒子，丈夫被證實患癌時，他們是幼稚園生。丈夫停工三個月讓慧玲面對極大經濟壓力，心底還要抵受對丈夫患病的憂慮和思念。

「早上打點孩子梳洗和上學，放學後接他一起往醫院探望丈夫。每天從家和醫院匆忙的來來往往，那幾個月就是這樣子過去了。」後來有醫務社工主動慰問慧玲，查看她的銀行存摺了解經濟情況後，馬上協助申請綜援。當時綜援對她來說是一個陌生的詞彙。

不久丈夫離世，慧玲成為單親媽媽。訪問時憶述，她頭七百天單親日子格外難熬，指自己好像患上自閉症，不想見人。當時她渾身痛楚，足足有兩年多，沒有一個醫生能找出原因。當孩子在身邊時她就裝強，像氣球充滿空氣般；但當兒子行開後隨即洩氣，一蹶不振。慧玲不斷壓抑自己的情緒，送兒子上學後孑然一身面對家中四壁，強忍的眼淚傾注而下。

有次孩子在家發現她哭，微聲地對媽媽說：「媽咪你唔好喊啦，阿爸已經上咗天堂，同天主一齊啦。你喊都無用，我哋大個之後，我養你啦；養你唔起，送你去老人院啦。」

因兒子鼓勵重新振作

慧玲聽後目瞪口呆，一時不懂回應。「當時我被孩子這番話感動了。我想連小朋友也懂這樣說，我作為人母還應當如此悲觀嗎？」小孩一番話激發她鼓起勇氣走出陰霾，喚回當下應肩負的重要角色——作一個稱職的家長。當她振作起來，身體的離奇痛楚也褪去了。

醫務社工多番勸她參加單親小組，說對她有幫助。慧玲躊躇了半年才加入，認識了一班背景相近的媽媽。在起初半年，組員以為她是個啞巴——一言不發，只會點頭和搖頭，散會後拔足而逃。

慧玲憶述當時自己仍未打開心結，直至感受到大家是真誠交心才願意開放自己。當提及這班姊妹，慧玲每句說話幾乎都用「大家」作開頭，甚少單單提及自己的角色。當時對她來說「大家」是一個嶄新的意識，一切個人煩惱都有這班值得信任的好姊妹分擔，個人問題一時間被提升成「大眾議題」。

「姊妹間真誠地傾心吐意，無私地分享彼此的困難，例如教養子女的苦與樂、個人身心問題、生活顧慮等。多年來大家一同面對人生問題，解決不了就找中心姑娘幫助。至今大家仍有聯繫，每逢有姊妹嫁女或娶新抱大家都踴躍出席宴會。我們每年起碼相聚一次，每次有五至六人。」慧玲感動的說。

慧玲深深體會到同行者的可貴，經常到各區認識不同單親小組及社福團體，足迹遍佈香港、九龍及新界。而屯門仁愛堂是其中一處孕育她

成長的地方。她跟隨社工落區進行問卷調查，協助婦女尋找居所，參加急救和託兒培訓班，學習寫活動計劃書及約見社署和房署職員。

當時有調查指屯門區對保姆有很大需求，政府卻以消防規格為由，拒絕她們在機構內啟動相關服務。計劃泡湯後，一班媽媽不服氣，自辦名為「萬能牙醫」的合作社。抱歉礙於慧玲的口音，我聽錯了名字，應該是「萬能阿姨」才對。

此外，她們又在天馬艦（當時的大笪地）投得一個社企舖位。由於各人組織能力成熟，社工幾乎完全放手給一班媽媽大展拳腳。慧玲和五、六位媽媽合力創業，經深圳入貨出售民族蠟染服裝，結果大受歡迎。

學懂駁嘴，由「啞巴」變身民炮

我稱慧玲為前輩，除了我們年紀差距大外，更是出於一分敬意。她的一生變化多端，透過學習開放自己，從一名「啞巴」蛻變成懂得駁嘴和議政的公民媽媽。她向關注綜援檢討聯盟等組織努力學習婦女政策，盼望修直婦女的道路。

縱使六零年代印尼物資匱乏，慧玲家中有電視機和收音機，自小時常留意新聞。「由小到大，起牀第一件事就是看新聞報道。」關心社會的種子早早在她的少年時代播下，想不到在晚年才發芽成長。至今慧玲仍沒有改變這個習慣，堅持每天收看新聞，還有Now的《時事全方位》、陶傑晚上的電台節目《光明頂》。她全天候汲取日月精華，連兒子也不敢騷擾她。

慧玲親身走到人羣之中，曾穿黑衫參加七一遊行，又進過立法會議事廳見識「官字兩個口」。當我倆的話題一再碰到時事，隨即搔着其癢處。慧玲托着腮子突然向我發問：「子女上學，媽媽可否也去上課？」

她說在九十年代初，擁有中三學歷，出路也不算太差，可惜當時很多婦女連中三學歷也沒有。她和姊妹們向政府提案幫助婦女重返校園。雖然當年有不少夜校，但婦女入夜後要照料子女，還要顧及人身安全，故此向當局提出興辦婦女日間學校。

曾力爭多項女性議題

與慧玲同年代的女性，多數在二十歲前要在結婚和工作中抉擇，為自己的人生押注。到三十歲後子女長大了，自己除了可花時間瘦身，還可重新計劃人生嗎？提升婦女學歷是個重大的社會議題，當母親完成照顧子女成長的責任後，社會還有蹊徑讓他們拾級而上嗎？

當時政府回覆說成人教育經已式微，慧玲的婦女日校提案也不消再說了。不過，二零零一年政府撥款支持發展五間單親中心，慧玲相信可為單親母親做些事。起初她對這個政策評價十分正面，怎料當三年試驗期過後，政府突然斬纜，從來沒有諮詢過她們這班──借用前輩常掛在口邊的用語──持份者。

「我們覺得單親中心很有用，是單親媽媽的第二個家，她們到中心就像回到娘家一樣，當遇到困難時可互相傾訴。中心有姑娘提供輔導，協助媽媽處理個人情緒、就業、創業和管教子女等問題，提供一條龍服務。」慧玲怪責政府，指成立五間單親中心只需數百萬元，卻寧願每年花數千萬元放煙花。

在香港，失婚、失業情況嚴重，因而爆發不少家庭問題，慧玲質疑政府不重視家庭需要。後來發展單親中心的議案，被更改為綜合家庭服務中心，慧玲覺得相當有問題。她說家庭服務中心要處理的東西太多了，社工的工作量倍增會影響服務質素。「單親中心屬於專科，綜合家庭服務中心屬於雜科，雜科如何針對地提供專科服務呢？」

多年就綜援政策與政府抗爭

香港人普遍理解綜援是個安全網，但當局為何不把它升級成「彈網」讓人飛躍呢？訪問期間，我在受訪者口中，發現這個網有不少漏洞。雖然綜援回應了貧困者的基本生存問題，但卻忽略了社會的其它需要。

綜援制度按受助者的收入扣減綜援金額，但早年就豁免金額的多寡並沒清晰明文規定，讓受助人十分困擾。起初，有關當局不願意透露入息豁免金額的計算方法，慧玲和姊妹們倡議訂立制度化的入息豁免金額。「我們爭取了十多年，當局才肯妥協，願意把每月入息最高豁免計算金額訂為二千五百元。」

但慧玲的最終目標，是促請政府研究方法讓受助者真正地自力更生，在工作中同時賺取收入和滿足感。「我不太喜歡綜援制度的邏輯，原因是受助者工作後賺了錢退回給政府，實際上根本沒有收入。」在政府角度看，受助者工作後把部分薪金歸還是理所當然；但在受助者的角度，心理上卻享受不到勞動的成果，感覺無償地工作，白白向政府要錢。

二零零五年，年社署收緊單親受助政策，建議最年幼的子女年滿六歲後，單親家長必須每月工作三十二小時，並須賺夠一千四百三十元，否則罰款。一眾單親媽媽很不滿，質疑署方明知她們單親，法律又明確指出獨留兒童在家屬違法，卻要她們拋低子女外出工作，感到十分矛盾。她們爭取了很久政府才將年齡限制推高至十二歲。

慧玲透過以上事例道出了政策的盲點──政府常常忽視受助者的感受。她強調政策必須以人為本，政府應該主動找持份者商討，了解使用者的需要後才制訂適切的措施，而不是單從行政角度思考。

婦女價值是什麼？

在慧玲的抗爭故事中，揭露了市民和政府間有很多深深的裂痕。主流社會高舉有薪工作，看扁家務勞動和輕視女性地位，政策未能照顧婦女的需要。訪談至此，前輩又按捺不住要即場考考我。「婦女價值是什麼？」我當堂口窒窒不懂回答，只好虛心求教。慧玲以自信的口吻逐步引導我「作供」。

「婦女在家庭入面，擔當什麼職責？」她問。

「照顧者。」我答。

「你聘請一個照顧者要多少錢？」她沒等我答便說：「現在香港愛用錢衡量人，不用錢計算就不知人的價值吧？」

「除了照顧者，還有什麼職責呢？」我未回答，慧玲又再次設問：

「營養師吧？最高檔的每月要花上萬元。」

慧玲也愛以這連珠發問的方式去啟蒙其他姊妹：「喀喀喀喀喀，不要覺得自己是女人就沒用啦！」

成家立室、生小孩是「公職」

中國人有句老話：「女人頂起半邊天」。香港這片天，慧玲相信自己有份頂出來。訪問時我分享自己的觀點，表示成家立室、生小朋友是母親的天職，十分偉大。可是慧玲聽後蹙眉，說生小孩是「公職」才對。說到此她憤憤不平，指政府常把社區保姆理解成義工或廉價勞工，未給予適切的保障和尊重。心水清的慧玲知道保姆工作繁重，時薪起碼要有五十元以上，遠超當時最低工資水平。

我居住的偏遠村落，有鄰居栽種夜來香，秋冬一來，夜來花開，每晚清風一拂，陣陣幽香繚繞村內十數戶人家。我不種不修不澆水，卻白白賺了人家辛勞的功勞。同樣道理，社會上也有很多人甘願默默付出讓其他人得到好處。若沒有女性生孩子和當照顧者，學校就沒有學生可教；老闆沒僱員可聘；政府沒稅款可徵。媽媽無償地照顧子女為社會提供人才，一個生兒育女的決定掀起巨大的**溢出效應**（spillover effect）。

政府和市民是一個整體

訪問時慧玲年逾七十，依然愛駁嘴駁舌。我膽粗粗向她進行即場口試，考她一條政治問題：「何謂好公民？」慧玲說，社會上有否好公民視乎有否好政府。慧玲認為政府和市民是一個整體：政府是耳朵，職責是聆聽；人民是眼睛，職責是監察。

「香港最缺乏公民權利。不過公民教育很差，大家不太理解。因中國傳統，人民習慣逆來順受，認為政府說什麼都是對；政府不許人民反對，反對就是反動、反派。但政府不是聖人，而且聖人都有錯。」前輩答得乾淨俐落。子女有錯家長責無旁貸，愛之深、責之切，像慧玲一樣的「持異見的公民」（dissident citizen）敢於駁嘴和指出政策問題，也是出於一份母親的愛。

溢出效應

指事情表面上互不相干，其實卻互相牽連，例如原本盛在杯中的水，不小心溢出後會影響杯外的環境。表面上媽媽照顧小孩是家事，卻牽連學校、勞動市場及政府。若孩童遭家人疏忽照顧，行為問題叢生便成為學校和社會的負擔，並削弱生產力，影響政府庫房收入。

慧玲對政策的批評有別於知青、學者或政界人士，主要是出於自身的經歷。喪偶之後她墮進了綜援的安全網，親身體會到受助者在網中的壓力。政府不少政策，尤以紓困措施她都一一埋身接觸過。

她經常摩拳擦掌，直斥有關官員對基層人士的不人道。她的非議並非單受情緒牽動，也有理性一面。她對單親中心、綜援入息豁免及自力更生等議題見解有板有眼，提出實際的建議方案。她抱着母親對孩子的期望，心底最希望政府生生性性，真正幫助有需要的人。

是A級公民，但可能是C級阿媽

慧玲分享了很多對社會的期望，恨政府鐵不成鋼，最後對自己人生也有一番審視。她說自己的人生並非十全十美，甚至憾事累累。憾事她不願跟我多說，內疚的事倒說了一件。當孩子長大後，她或多或少責怪自己熱心參與社區，因而少了花時間關心他們。慧玲是A級公民，但可能是C級阿媽。

調整綜援政策就有如航空母艦改航，不似一葉輕舟說轉便能轉，需要有更多人熱心參與，為基層爭取利益也不能單靠少數女性的力量。若要鼓勵更多女性服務社會，社會也同樣要支持和孕育她們。

慧玲組織了一個「社會底層羣體的空間」（subaltern space），組織及建立女性的力量，讓有心服務社會的母親走在一起，一起闖出一片天。這個空間凝聚了一班和當年慧玲一樣飽受挫折的弱勢婦女，讓大家在逆境中互相支持，合力回饋社會。

慧玲服務社會多年，最新的任務是學習放下，讓自己休息一下，一嘗環遊世界的心願。不過，她的年紀和世界一樣都很大，或許好夢難圓了。「就算繞不到一圈，環遊到部分都不錯！」咯咯咯咯咯——慧玲補充說。

慧玲的生命告訴我們：不要輕看自己，婦女也可監察政府。

■ 慧玲（右四）關注婦女的權益，結連女性的社會力量。

一九九六年三月十一日 星期一

綜援家庭盼港府幫手搵工做

望找兼職幫補家計

籲港府訂就業計劃

■ 一九九六年的剪報。慧玲代表街坊出席新聞發佈會，表示自己人到中年連找一份清潔差事也屢次碰釘。

Chapter 4｜讓母親生命攀升，服務社會

本書以匠心為軸，介紹了十位媽媽走出低谷的故事。在最後一章，我嘗試歸納一條從生命低位逐步攀升的路徑，先介紹當中的過程和特色，然後倡議一些社會政策，盼望指引更多母親釋放力量服務社會。

匠心之旅的四個階段

縱使人人經歷和背景不同，但身處同一個世界，當中總有共通性。

匠心之旅大概可分為四個階段：

1. 獨自面對苦難
- 夢想幻滅
- 遇上危機

→

2. 發現身旁微小的助力
- 聽到微小的聲音
- 覺察情境所需

↓

3. 跌進專業施助者網絡
- 扭轉負面思想
- 得到實物支援

←

4. 加入互助羣體
- 互惠互助
- 敢於發聲
- 超越自我

1. 獨自面對苦難

女生向男生真心說一聲我願意，哪會預計日後離婚收場？假如不是打算偕夫之手共度一生，也不會冒險生小孩。故事中的媽媽跟大部分女人一樣，初婚時都懷着一個簡單的幸福願望——建立一個開開心心的家庭。

有媽媽為了圓夢甘願放棄很多東西，包括事業，甚至離鄉別井，可惜厄運如虎般襲來，被殺一個措手不及弄得傷痕累累——有人一夜間揭發丈夫不忠、有人遭遇枕邊人突然撒手人寰，有人的伴侶突然杳無音訊。

不少母親認為自己在家打理家務，讓丈夫外出賺錢是完美的安排，詎料一旦夫妻關係瓦解後自己和孩子陷入困境。本書中的媽媽遇到患難時，大部分在初期都陷於混亂：有媽媽遭遇家暴後幾乎崩潰，企圖攬着兩個女兒衝出馬路了結生命；有媽媽喪偶後強忍眼淚，趁孩子上學後在家中狂哭；也有媽媽在婚姻失敗後終日沉迷賭海。這階段的母親正處苦難之中，感覺孤獨無援認為人生只有苦杯。

2. 發現身旁微小的助力

究竟書中的媽媽如何走出死暗幽谷呢？我分析過後，訝異地發現把

她們從深淵扯出來的，往往不是一頭「大象」，相反是身旁一隻「小老鼠」。

「媽咪，唔好啦，死咗會變鬼㗎，黑鼆鼆變鬼我會好驚㗎。」「淚眼媽媽」綺雯當時三歲的細女就憑這番話，及時把她的神志喚回來，以微小的聲音挽救了三口子的性命；「媽咪你唔好喊啦，阿爸已經上咗天堂，同天主一齊啦。你喊都無用，我哋大個之後，我養你啦。」「公民媽媽」慧玲聽到年幼兒子的純真聲音後，精神馬上抖擻過來，連醫生束手無策的疼痛也消失了。

老鼠竟然可以移山，也跟媽媽們的處境有關，關鍵就是「情境所需」（situational imperatives）得到滿足。母親是照顧者，思緒總離不開三件事：保護、教養、以及確保孩子行為不偏離社會常規。孩子雖然弱小、是被照顧者，但他們是母親生命中最關心的人，當母親陷於低谷、筋疲力竭時，反過來能夠向她們注入源源不絕的生存力量和盼望。

有時候只要孩子的形象在母親腦海中閃過，也能起「回魂」之效。譬如，「俠義媽媽」娟姐失婚後借賭消愁，當想起兒子後馬上勒緊心志，定睛放在他身上；又有如「護理媽媽」蘋果，丈夫一再欠下賭債後決定分開，因而感到悲痛。「如果我癡線了，仁仔將會很慘。我會撐過去，展望明天。」當她想起兒子就重拾力量。

在功利的資本主義社會，凡事講求有形有實的回報。母親無償地向子女付出，似乎不合乎成本效益。不過，當她們向子女輸出愛的同時，所得到回報和滿足感是即時並超乎物質的。譬如「高跟鞋媽媽」雅瑛寧願穿二手鞋，也要省錢給孩子購買簇新的衫褲鞋襪，以免他們在同學面前自卑。雖然新衣物不是穿在自己身上，但雅瑛也因而獲得強烈的滿足感；又有如「跑腿媽媽」倩青，連賣物會上一條二十五元的褲子也捨不得買，卻願意花錢給女兒買智能手機學習英文。讓女兒得到滿足和造就，快樂難以言喻。

表面上孩子是她們肩上的重擔，但實際上是力量的來源。這些身旁微小的助力，一步步拉動母親走過苦路。母親到了這個階段開始發現自己並不孤單，決心要為子女積極奮鬥，好好活下去。

3. 跌進專業施助者網絡

在本書中，不難發現媽媽們總會與機構社工、社署社工、教會教牧職工、輔導員等專業施助者相遇。今天的香港社會，已有不錯的制度化專業社區施助者網絡，可謂「一方有難，八方支援」。全港各區都有社署及社福機構的設施，受虐婦女一旦求助，也有機會獲得跟進或轉介。雖然未必每個個案都能獲得稱心滿意的處理，但起碼讓她們的情況有機會曝光，不致隱沒。

在〈淚眼媽媽〉一篇，社工替綺雯解決居住和溫飽問題。幾位社工先後相助，例如為她撰寫斟情報告申請上樓、找來大堆二手傢俬，並協助申領綜援應急，最重要是讓綺雯重拾照顧小孩的動力。社工的鼓勵說話大幅度扭轉了她的悲觀情緒，理解逆境只是考驗，貴人就在身邊。

在〈好讀媽媽〉一篇，社工也在麗雯的生命中佔重要席位，讓她看見家門以外的大千世界，啟蒙她投入形形色色的社區參與，包括公共教育、政策倡議及社會企業等，在家庭崗位以外發光發亮，在過去二十年陪伴不幸的婦女走過艱辛的路。

在〈心足媽媽〉一篇，淑貞先後遭遇大女患亞氏保加症、細仔患嚴重抑鬱症、丈夫無故失蹤。幸而連串苦難把她帶到施助者網絡，包括社工、律師、醫生、輔導員、職業治療師及教育心理學家等，讓她接受適切幫助。施助者引導她以正向思考：當懷疑丈夫不忠時，想起兩人未試過大吵大鬧，對方也愛錫兒女；當女兒發展遇上障礙時，想起女兒每天緊貼自己，建立了深厚感情。

在〈陶瓷媽媽〉一篇，婉珍經歷喪子之痛後獲陶瓷老師打造一顆新心。在製作陶瓷過程中她學懂放手，明白所有東西都有瑕疵，人生沒十全十美。縱使擔心作品有缺陷，也盼望出爐後效果不太差。

為母親們解決居住問題

和一般香港人一樣，居住問題是不少單親母親的主要煩惱，施助者不約而同努力協助她們上樓。這班母親無家可歸，住過庇護中心、熬過劏房板間房，經歷漫長道路才有機會入住公屋。若不及早安置她們，任由她們和小孩子繼續漂泊會引發更多問題。本地扶貧組織十分關注基層住屋議題，例如社區組織協會曾討論板間房危機；明愛機構亦曾出版《套房D》細說住客的生活點滴。

家中沒有丈夫只有自己和孩子，單親媽媽遇到困難時難免「困獸鬥」。在專家的引導下，媽媽在狹隘的環境中開拓出路，解開一縷縷的心結，並得到適切的物質援助。

所謂「專家」其實還有更廣義的理解。社會學家Richard Sennett提出「好交際的專家」（sociable experts），意即未經專業訓練的人也可當「專家」向人提供幫助，只要精通以下三大領域：善於指導新人、敏於發掘潛質，以及巧於說明步驟。

在〈好讀媽媽〉一篇，麗雯離婚後形容自己是個單親新丁，其他過來人擔任她的「師傅」，為這「新人」指點迷津；在〈高跟鞋媽媽〉一篇，雅瑛同樣有一班媽媽團相伴左右，每天往快餐店聚會交流育兒心得，向她解釋孩子成長階段的特質，並協助教導功課。當這些「專家」愈多，社會上的施助者網絡就編織得愈細密、愈有層次。

在這階段的母親是受助者，生活和生命安全已大致獲得保障。

4. 加入互助羣體

當媽媽的身心回復過來後，通常會加入名為社會空間（social space）的互助羣體，即書中所提及的媽媽團或互助小組，我喜歡稱它為「寫意空間」。這個空間主要由同路人組成，猶如一塊跳板，讓母親的人際圈子和影響力由家庭提升至社區甚至社會層面。我認為它寫意，主要有三個原因：

原因一　是個互動空間

人際關係有來有往，若其中一方沒有回饋，關係會失衡；又或形成強弱高低，一面倒把受助人比下去的情況。無可否認，受助者（尤其是弱勢社羣）在「帳面上」似乎賺了，但人類學家卻告訴我們，任何一份禮物都非止於物質層面。蒙恩的人往往惦記對方的好意，心懷絲絲感激（shadow of indebtedness），如影隨形似的推動自己作出回報。

在日常生活中，接受別人幫助後內心總有份欠人情的感覺。每次幫助都可視為一次建立關係的邀請，倘若雙方願意交往就會彼此結連，周而復始地互助下去，最終磨平受助者與施助者間之分野。由於社工和輔導員沒有這種角色，就算曾提供幫助亦不能建立這種關係。

中國人說禮尚往來，其實反映了禮物背後的社會功能。每個人的生命都是一份禮物，總有特長可作貢獻。

原因二　容許社會低層人士說不

這個羣體是一個避風塘，讓媽媽稍稍喘息重整旗鼓。羣體中沒有「大台」或權威，容許女性抗議社會男尊女卑的主流輿論，在安全的環境下暢所欲言，讓正面訊息在羣體中流通，肯定人生繁星處處。

可是，這個空間並非充滿敵意的控訴場所，純粹把焦點轉向政策漏洞或制度缺失，而是確保弱勢社羣可以發聲及聆聽不同聲音。弱勢的媽媽在這裏學習新的詞彙和知識，重奪話語權與主流社會對話。

原因三　超越自我

在羣體中，注重個人利益的「小我」會逐漸褪去，讓位給追求羣體利益的「大我」。單親媽媽來自不同家庭，在羣體中連成一線，主要源於一種意識提升——當大家面對類似困境，有着風雨同路的共鳴。除了互助互惠之外，還可合力把家庭問題提升至社會層面，尋求更宏觀和有力的解決方案。

在〈俠義媽媽〉一篇，娟姐遇上外展社工後獲邀參加新移民婦女小組，自此認識社會政策，孕育出一份義工精神；在〈好讀媽媽〉一篇，麗雯的生命也給社福機構改變，除了在機構的刊物發表文章，又上門探訪婦女讓更多人得到幫助；在〈公民媽媽〉一篇，慧玲積極反對政府關閉單親中心，高呼單親中心是很多媽媽的「娘家」，以感性角度反擊政策；在〈尋家媽媽〉一篇，教會讓素婷找到心靈歸屬，拉闊了對「家」的理解，填補了單親家庭的缺憾，鼓勵她用自己的經歷傳揚上帝的愛。

這班媽媽透過共同生活體驗，揭發社會政策的不同缺失，例如日間託管不足、「退休」生活毫無保障、主流社會部分人歧視和仇視弱小和貧窮人士等。她們指出家庭問題不能獨力解決，更何況是社會問題呢？故此合力組織力量向政府爭取。

這階段的媽媽已由受助者變身成施助者，把所磨練出來的匠心精神應用於家庭以外。患難驅使她們進行了創新的社會實驗，成為社會改革的中堅分子。這班昔日受傷的姊妹有別於權威人士，對社會充滿愛心和憐憫，從母愛、照顧者等嶄新角度出發思考政策，有望料理長時間經歷硬碰而傷痕處處的社會。

匠心之旅的四個特色

整個匠心旅程主要呈現四個特色，分別駁斥香港主流社會所膜拜的各種神話，是一種文化抗衡：

1. 集體創作
VS
自力更生

2. 長期挫敗，以家庭為先
VS
成功女性／職場女強人

3. 細心作業，逐小步前進
VS
急功近利、一炮而紅

4. 為別人而活
VS
唯我獨尊

1. 集體創作 VS 自力更生

回顧十位媽媽的生命歷程，不難發現她們有很多「護航艦」陪伴左右，領航的有社工，還有老師、牧師、律師、醫生、輔導員、心理學家及職業治療師等。而媽媽身邊的好姊妹亦舉足輕重，貼身同航給予支援和補給。此外還有身邊的「小艇」，一班小朋友示範了「老鼠移山」。

這班媽媽的生命是集體創作，難怪在訪問中不時把「貴人」和「同路人」等字眼掛在口邊，駁斥了深受香港主流社會所信奉自力更生的神話。相反地，「互相倚存」一詞更準確地形容各人的經歷。非洲有句諺語十分貼切：「如果想走得快，就要隻身上路；如果想行得遠，就請結伴同行。」

2. 長期挫敗，以家庭為先 VS 成功女性／職場女強人

中文「危機」一詞埋藏了人生哲理：危險背後往往尾隨着機會，猶如一個人走入窮途，怎料轉個彎迎見新的光景，柳暗花明又一村。匠心之旅印證了這個道理：媽媽不幸地失足墮進人生深淵，至多年後才察覺那刻不過是黎明前最漆黑的時分，祝福快要開始了。

毛毛蟲貼地爬行視野扁平，破繭而出後展翅高飛，眼界變得寬闊無比。在主流社會中人人只想做蝴蝶，不願做毛毛蟲。媽媽生產孩子，並花盡精力培育他們成為社會人才。雖然其貢獻不佔國民生產總值，但對社會的影響是根本性的。

媽媽所經歷的困苦和掙扎是雄厚的社會資本，若能「化蝶」回饋大眾，或許對撕裂對立的社會有一番新景象，例如以單純、不為個人利益的心態參與民主協商、社區共融、生態關懷及政策倡議，又或以耐心和愛心促使社會復和、為冷戰破冰，凡此種種都駁斥香港主流社會所信奉成功女性／職場女強人的神話。

3. 細心作業，逐小步前進 VS 急功近利、一炮而紅

蝴蝶拍一拍翼，令大西洋對岸颳起龍捲風。這個由小行動帶來大改變的現象，科學家稱為蝴蝶效應（butterfly effect）。誰可預料一個曾經徘徊自殺邊緣的人，後來鼓勵其他婦女堅強地活下去？誰可推斷一個在沒新聞自由的地方成長的人，後來敢向權貴說不？誰可估計一個便利店小職員，後來當上義務組織的主席？

每段蛻變過程都是極度緩慢，純粹觀察其中一點根本難以察覺有任

何進展。如本書引論中所說，媽媽們以匠心精神細心作業，執行得又細又密，一步一步把手上的事情默默做好。母親的生命大躍進絕非一夜練成，而是經歷一段漫長的努力。凡此種種，都駁斥香港主流社會所信奉急功近利、一炮而紅的神話。

4. 為別人而活 VS 唯我獨尊

都市人追求美好生活時，眼中往往只有個人而沒有羣體，這稱為個人的烏托邦（personal utopia）。很多人只管沉醉在個人消費活動之中，擁有一個舒適的家居便心滿意足，不但無暇關顧屋外的事，甚至不理會家人的事。

知識分子或商人的力量多數來自個人學歷及眼光，憑着才華和膽色在社會中攀升，容易偏向自我中心，單純站在高位以理性、市場角度分析問題。而書中的媽媽生命破碎，能力多來自苦難期間別人的幫助和施捨。她們特別明白別人的需要，思考問題時以照顧者角度出發，多為別人設想。

不少成功人士在成長階段都有母親愛惜和栽培，偉大的母愛便駁斥香港主流社會信奉為唯我獨尊的神話。

三項匠心政策倡議

當匠心精神從家庭破繭而出提升到社會層面，便成為一股推動未來社會發展和改革的力量。最後，我嘗試倡議三項有助實踐匠心精神的政策，冀望有朝一日媽媽們都能走出來，合力把香港建設成一個匠心城市。

政策一

鼓勵開拓互助羣體

政策二

釋放主婦的工作能力

政策三

訂立家庭友善政策

政策一　鼓勵開拓互助羣體

前文提及，互助羣體是母親們的寫意空間，讓不幸的人再次飛躍。我倡議政府和民間團體，提供教育資源和活動場地等各方面支援，協助這些婦女羣體茁壯成長，鼓勵建立更多具自理和自癒能力的民間力量。

已故偉人南非前總統曼德拉（Nelson Mandela），多年來爭取廢除種族隔離政策。他身陷囹圄多年後搖身變成總統，銳意把國家打造成包容不同膚色人士的「彩虹國家」（a rainbow nation）。同樣地，我們的社會也可建立擁抱多元價值的願景，讓市民不僅欣賞個人在勞動市場中的價值，還懂得欣賞在不同領域、家庭崗位者所展現的價值。

政策二　釋放主婦的工作能力

媽媽對子女不離不棄，如此盡忠卻淪為「二等公民」實在不公平。她們在家中勞動的貢獻往往未被社會肯定。全職家庭主婦有極大的工作潛力，是寶貴的社會資源。她們本身也很想工作，政府應研究支援的方法，讓她們在身心健壯時發揮所長服務社會。

此外，官員制定政策時應思考為婦女提供相關配套，例如給予足夠的全天候託兒服務，讓母親放心逐步奔向職場，讓她們按個別情況和階段調節家庭和事業的比重。

這方案亦有助拉近爸爸和全職媽媽在社會地位和收入上的差距，讓女性有較獨立和穩健的財政收入。全職媽媽沒有強積金供款和任何「退休」準備，晚年依然有機會陷入窮困，再次被迫墮入綜援網，成為社會未來的受助對象，有關當局須慎重考慮。

除長遠政策外，亦應教育男性了解女性的感受和處境，例如了解女性在事業與母職的抉擇、生育時的痛楚等，並給予諒解和支援。不少男性也有照顧孩童和料理家務的潛能和興趣，可研究開發爸爸的育兒能力，甚至鼓勵更多男性當全職爸爸。若兩性在職場和家庭崗位上彼此協調、善用專長、資源、時間和興趣，可大大增加社會上的勞動力，令社會進入全民皆是看顧者模式（universal caregiver model），以減輕政府負擔。

政策三　訂立家庭友善政策

建議重新訂立家庭友善政策，可從以下三個範疇下工夫：產假、工時和託兒。首先，可研究增加父親的產假安排。外國有研究顯示，產假充足的父親有助兒童日後成長發展。父親能幫助照顧初生嬰孩，可減輕母親產後的壓力，減少爆發家庭問題。

其次，可研究制定短週工時權利，即是當生產孩子後，讓父母申請每週工作三十小時或四天工作的特別安排。社會討論就標準工時立法時，焦點往往放在效率上，而忽略了性別平等等向度。特別工時的安排，可讓員工按比例減少薪酬彈性地工作，兼顧照顧子女和長者，以減少消耗社會援助資源。

此外，亦可考慮改革託兒服務。婦女若兼職四小時，以最低工時計算約可賺取一百二十元，但最廉宜的託兒服務每小時也收二十多元（四小時起碼需要花八十元），扣除飯錢和交通費收入所餘無幾。假如政府能承擔八成託兒費用，不僅惠及不同階層，亦可釋放大批婦女投入勞動市場。

歐洲已實行相關政策

提供優質的幼兒服務有很大價值，可換取婦女勞動力及減少家庭問題。但這些政策所倡議的效益，根本無法用市場機制衡量，要說服主流社會殊不容易。不過這些倡議絕非天方夜譚，很多歐洲國家在過去十多年已經先後推出，發現既可解放婦女力量，亦減輕了男性獨自在職場打拚的壓力。有研究顯示，當提高爸爸的親子投入程度，除了可增加生活滿足感外，還可大大擴闊社交圈子和增加工作機會。

人活着不是單靠工作，孩子也需要有人照顧，但主流社會普遍認為有工作的人才可享受福利，即工作福利（workfare）。全職媽媽的工作是照顧孩子，為何不能領取福利呢？今天香港人所面對的問題結構複雜，家庭和社會問題環環緊扣，強調公平對待照顧者不單是為婦女討回公道，也是為卡住了的社會尋求出路。社會實在太多死硬的觀點了，盼望用愛心可以逐步溶化。

如本書中的受訪者所述，不少人覺得現時的綜援制度有漏洞，導致濫用情況嚴重。但大眾的擔憂其實遠超實際的欺詐數字，以本書的主角為例，可見綜援制度確實幫助了很多有需要的人。而市民的普遍誤解，大概源於有關政策「以需要為本」的錯誤切入方式。

「以需要為本」的社會保障，往往把領取者不足的面向放大。若要釋除公眾疑慮必須轉換一下字眼。假如發放給單親家庭的津貼，由原名「單親補助金」易名成「關愛家庭責任認同金」，觀感上會否截然不同呢？這不是玩弄語言偽術，或意圖蒙混過關，而是對投入認真的人給予肯定。就算崗位不同、所幹的暫時沒有市場價值，但亦配得上成為社會上的一員。當領取資格扎根於「參與」而非「需要」，便有機會重建公眾信心。

公義要求人們既講權利也重視義務，否則施與受會失衡。英國經濟學家Anthony Atkinson曾拋出參與收入（participation income）的生活提案，主張支付給對社會有貢獻的人（a payment for all who contribute to society）。他指出，必須先建立助人的意識和責任感，普遍市民才會認同和支持。

撰寫新的社會契約

香港是時候重塑新的福利觀了。我建議引入一份「一輩子的福利契約」（a lifetime welfare contract）去除非領取者與領取者的界線，建立互惠互助的意識，讓市民明白福利是一份人人有份的「保險單」。

誰能保證在漫長的人生歷程中不會出岔？人生在世總有可能遭逢巨變，綜援就是政府協助不幸者的保險制度，包括幫助失業、危疾及喪偶者渡過難關。政府肩負為市民遮風擋雨的角色，所提供的福利有兩大功能：保險（insurance）和保證（assurance），確保市民在每個人生階段都得到適切照料。市民年輕時貢獻社會，年老時獲得下一代照顧。這份「一輩子的福利契約」不但可援解世代間的衝突，甚至可加強彼此的凝聚力。

匠人樂於發揮自己專業，專注做好本分。而最高的道德境界是各人善用專業，和其他人彼此依存和連繫，以成就大同社會的願景。

由衷感謝讀者讀畢至此，容我引用波蘭社會學家Zygmunt Bauman一番話作結：

「所謂道德，是指一己願意為他者的生命負上責任。若要勸導人們肩負這個責任，最有力的說法就是指出生命是互相倚存的。人生這個實存狀況，正正是社會學所要探索、再三強調及不遺餘力地讓人清楚了解的。研究社會學的人不難得出一個結論：他人的行動與不行動，對自己的現況和前景是有相關性的；自己的行動與不行動，也對他人的現況和前景扯上關係。」（作者譯）

原文如下：

Morality is an issue of responsibility towards an Other; and the most powerful argument in favour of taking on that responsibility is the fact of the mutual dependency of humans, the condition which sociology explores, puts vividly on display and indefatigably hammers home. One lesson a reader of sociological treaties cannot fail to draw is the relevance of actions and inactions of others to their own condition and prospects, and the relevance of their own actions and inactions to the conditions and prospects of others.

編者結語｜匠心精神，現代人的修行

「負傷的治療者」（wounded healers）是由心理分析大師容格（Carl Jung）所提出，指具備療癒能力者的力量，來自過去所受過的傷害。而靈修學家盧雲（Henri Nouwen）亦曾在七十年代探討過相關課題。

天下的母親可說是「負傷的照顧者」（wounded caregivers）。或許很多男生都不知道，若母親沒有宮縮所引發的痛楚，便沒有力量把嬰兒生出來；而自然分娩也會在生產後留有傷口，下體內外都需要縫針。即是說，母親透過受痛苦和傷害才可把新生命帶到世界。媽媽產後還要通宵餵養嬰孩，「負傷的照顧者」是貼切的形容。

匠心精神是一種心無旁騖的狀態，坦然面對成功與失敗。這種精神要經歷千錘百鍊才能磨練出來。但今天社會上有很多人都慾望無窮，急功近利又不想受傷和冒風險，晝夜想盡辦法透過投機取巧達到目的，因而產生無盡空虛和失落感。

匠心精神可視為一種現代人的修行，在當下專心並滿足於做手上的事（commit to the moment）：學生純粹努力學習，不憧憬優異成績；在職人士純粹努力工作，不憧憬功名利祿；運動員專注比賽過程，不憧憬獎牌和獎金。

這是一種另類生活，也是一種文化抗衡。祝願大家能成為自己生命的匠人，樂活在當下，讓今生無悔。